国学一本通

徐　潜◎主编

坛　经

唐·惠　能◎著　孙　英　吕　岗◎译评

吉林文史出版社

图书在版编目（CIP）数据

坛经/（唐）惠能著；孙英，吕岗译评.－长春：吉林文史出版社，
2010.1（2022.1重印）
（国学一本通/徐潜主编）
ISBN 978-7-5472-0152-7

Ⅰ.①坛… Ⅱ.①惠…②孙…③吕… Ⅲ.①禅宗－佛经－中国－唐代②坛经－注释
③坛经－译文 Ⅳ.①B946.5

中国版本图书馆CIP数据核字（2009）第240699号

 国学一本通

坛 经

出版人/徐 潜

出版发行/吉林文史出版社（长春市人民大街4646号） www.jlws.com.cn

主编/徐 潜

原著/惠 能

译评/孙 英 吕 岗

项目负责/王尔立

责任编辑/王尔立 王文亮

责任校对/李洁华

装帧设计/李岩冰 董晓丽

印刷/北京一鑫印务有限责任公司

版次/2011年12月第1版 2022年1月第4次印刷

开本/720mm×1000mm 1/16

字数/260千字

印张/13

书号/ISBN 978-7-5472-0152-7

定价/52.00元

前言 现代历史学家钱穆在《六祖坛经大义》一文中说："依照佛门惯例，佛之金口说法始称'经'，菩萨们的祖述则称'论'。只有惠能《坛经》却称'经'，此亦是佛门中一变例，而且是一大变例。"

　　的确是这样。依照佛教传说，只有记述佛祖释迦牟尼言教的著作才被称为"经"，而其他佛教门徒，不论古天竺的大师还是中国的禅师，他们讲说佛法的著述，只能称为"论"，而对佛经的解释说明，则分别称为"疏"、"注"、"解"、"记"等，绝不可称"经"，以示对佛祖言教的特别尊重。而对惠能说法的言论称之为"经"，是其弟子对六祖惠能的崇敬。其弟子"视能如佛"，故视惠能的讲说为"法语"，如同佛经，特以"经"名之。《坛经》被称为"经"，是佛教经典中唯一的一部，而且是由中国僧人撰述的。

　　此经名之为"坛"，是取其"法坛"、"坛场"之意，经文是惠能在佛寺说法传禅，在坛场宣讲而成。

　　作者惠能生于唐贞观十年（公元636年），祖籍范阳（今北京一带）。父亲卢行瑫，母亲李氏。其父原为官员，因事被"迁流岭南"，贬为新州百姓。惠能三岁丧父，家境贫苦，从少年时就靠砍柴为生。据相关资料记载，惠能出生时，有两个僧人至其家给他命名"惠能"，其意为"惠者，以法惠施众生；能者，能作佛事"。惠能成年后，参拜五祖弘忍大师，得传衣法，成为第六代祖师。三十九岁时，在广州法性寺出家受戒，开说佛法。七十六岁圆寂于新州国恩寺。（惠能的生平在《坛经》及其相关译注中已详述，此处从简。）

　　惠能在曹溪宝林寺住持期间，应韶州刺史韦璩之请，在大梵寺说法，其弟子法海对说法内容及过程加以记录并整理，成为《坛经》一书。这说法部分是《坛经》的原本，后代历有增补，大多的禅宗门人所作。

　　《坛经》由十"品"构成全书，先是惠能自述生平经历，次是惠能讲法的内容，后是惠能与弟子关于佛法的问答。（关于说法的内容每段之后均有"述意"以解说）其主要思想是：一、"即心即佛"，即人人心中都具有佛性，人人皆可悟道成佛；二、"顿悟见性"，即修行时不是渐修，而顿悟，识见自我本性（即自心的佛性）；三、"自性自度"，即解脱世间苦海要靠自己觉悟，自我度化，而不能依靠外力。

　　惠能的说法，被佛教史称之为"六祖革命"，足见《坛经》对中国佛教产生了巨大而深远的影响，从而确立了禅宗一系。

　　《坛经》对我国传统的思想文化也有影响，它使我国的佛学思想儒学化，使佛性人性化，导引了宋明理的开端。禅宗思想也影响了我国诗歌、绘画、书法、音乐、舞蹈等文学艺术的创作，甚至影响了一些文人的人生。流传下来的禅诗、禅画、禅书都烙着禅学的印迹，这些都说明禅宗与传统文化互为渗透和融合。

国学一本通

目录

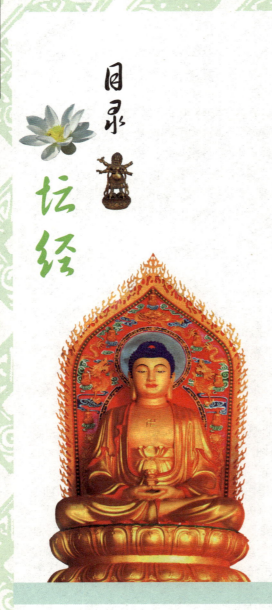

坛经

行由品第一

品　鉴

　　"行"指人生经历，即生平；"由"指修行的依据、因缘；"品"指名目、种类。第一品是惠能在曹溪宝林寺为徒众讲述自己的身世生平，以及求道、学道、问道、登坛说法的因缘经历，记述了五祖弘忍大师识其根器、传授衣钵、送其渡江的过程，又记述了惠能于猎人队中隐匿十五年，后在广州法性寺开坛说法的过程。

时，大师至宝林①，韶州韦刺史与官僚入山②，请师出。于城中大梵寺讲堂③，为众开缘说法④。

师升座次，刺史官僚三十余人，儒宗学士三十余人⑤，僧尼、道俗一千余人，同时作礼，愿闻法要。

大师告众曰："善知识⑥，菩提自性⑦，本来清净，但用此心，直了成佛⑧。善知识！且听惠能行由得法事意。"

"惠能严父，本贯范阳⑨，左降流于岭南⑩，作新州百姓⑪。此身不幸，父又早亡，老母孤遗，移来南海⑫，艰辛贫乏，于市卖柴。时有一客买柴，使令送至客店，客收去，惠能得钱。"

"却出门外，见一客诵经，惠能一闻经语，心即开悟。遂问客诵何经，客曰《金刚经》⑬。复问从何所来，持此经典。客云：'我从蕲州黄梅县东禅寺来⑭。其寺是五祖忍大师在彼主化⑮，门人一千有余。我到彼中礼拜，听受此经。大师常劝僧俗，但持《金刚经》，即自见性⑯，直了成佛。'惠能闻说，宿昔有缘⑰，乃蒙一客，取银十两与惠能，令充老母衣粮，教便往黄梅，参礼五祖。"

译文

这时，惠能大师来到宝林寺，韶州的韦璩刺史和他的下属官员们一道进入南华山，请惠能大师出山，到韶州城中的大梵寺讲堂，给众人讲说佛法大义，开导人们心中已有的善缘。

惠能大师登上说法的座位，刺史及其下属官员们三十多人，儒家学派的学士三十多人，和尚、尼姑以及信奉佛教的在家修行的俗众一千多人，大家一齐向大师行礼致敬，希望恭听大师讲说佛法的精要之理。

大师告诉信众说："善知识们，成佛的觉悟本性是人们自己心中的先天就具有的，原本就清明洁净，不曾污染，只要运用这种清明洁净之心，就能够直接了

◎红衣罗汉图◎
图中身着红色袈裟的罗汉盘腿坐于大树下面的青石之上，左手前伸，神态安详坚毅，似在说法。

悟成佛。善知识们，请各位暂且听一听惠能我悟得佛法、掌握佛理的经历和途径。"

"惠能我的父亲，原本的籍贯是范阳，后因事遭到贬谪，流放到岭南，成为了新州的一个黎民百姓。惠能我本身很不幸，父亲早早亡故，留下了寡母和孤儿，我们又迁移到了南海。由于家境贫穷，过着艰难困苦的日子，为了养活老母和自身，惠能我就天天到山中砍柴，然后挑到集市上去卖。当时有一位客人买了我打来的柴，让我送到他居住的客店，这位客人收了柴，惠能我得到了卖柴的钱。"

◎明　错银铜观音菩萨像◎

"当我走出门外的时候，见到一位客人正在念诵经文，惠能我一听这佛经的语句，心中立即开悟，启迪了我心中本有的智慧，明白了佛教的根本教义。于是就询问这位客人念诵的是什么经文，客人告诉我是《金刚经》。我又问客人从何处而来，是怎样获得这部经典的。客人回答说：'我从蕲州黄梅县东禅来。那座寺院是五祖弘忍大师所住持的，他在那里弘扬佛法、教化众生，门下的弟子有一千多人。我就到那座东禅寺中，向弘忍大师行礼参拜，听他演说这部佛家经典，并且心中有所领受。弘忍大师经常劝诫出家的僧众和在家修行的人，只要遵照《金刚经》所阐明的佛法，坚持不懈地去修行，就能自己识见心中的佛性，直接了悟成佛。'惠能我听了客人所说的这一番话，认为自己在前世就与佛法结下了缘分，恰好承蒙一位客人拿出十两银子给了惠能我，让我用来安顿老母亲平日所需的衣物和口粮，就叫我前往黄梅县东禅寺，去参见拜谒五祖弘忍大师。"

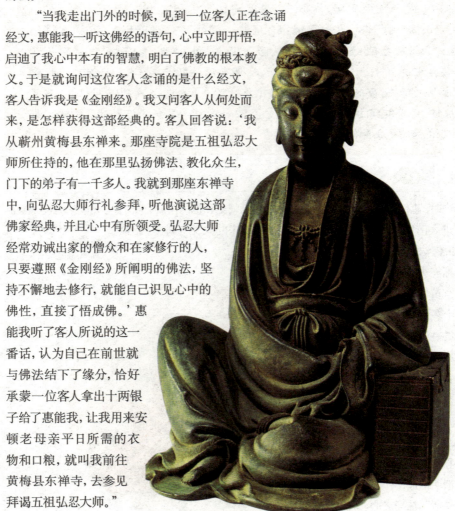

注释

①宝林：即宝林寺，今称南华寺，在今广东省曲江县之曹溪山。唐高宗仪凤年间，惠能禅师在此主持弘法。

②韶州：今广东韶关市。原治所在曲江。韦刺史：指韦璩（qú）。刺史是州的最高长官。

③大梵寺：在广东省曲江县。原为僧宗锡于唐开元二年所建，初名开元寺，后更名大梵寺。惠能应刺史韦璩之请在此讲说《坛经》。

④开缘：开导众人的善缘。

⑤儒宗：儒家学派。

⑥善知识：指修行佛法、奉行善举的人。僧人和在家信奉佛教的人均可称呼为"善知识"。

⑦菩提：梵语音译。意译为"正觉"，即明辨善恶、觉悟真理、断绝世间烦恼之意。

⑧直了：直接。

⑨范阳：唐代郡名，在今北京的大兴、宛平之地。

⑩左降：降职，这里指贬为庶民。流：流放。岭南：五岭以南，指今广东省一带。

⑪新州：今广东省新兴县。

⑫南海：今广东省佛山市一带。

⑬金刚经：《能断金刚般若波罗密经》的简称，后秦时由天竺人鸠摩罗什译成汉语。此经以空慧为主要内容，阐明了一切法无我的佛理。

⑭蕲（qí）州：即今湖北省蕲春。黄梅县：在今湖北省黄梅县西北一带。东禅寺：又称莲华寺、东渐寺。此寺是禅宗五祖弘忍的主持之所，五祖于寺中碓房夜半之时密传衣钵给惠能。

⑮五祖忍大师：即禅宗五祖弘忍。弘忍，俗姓周，湖北省黄梅县人。七岁从禅宗四祖道信出家为僧，道信圆寂后弘忍继承师位，于黄梅县的冯茂山建东山寺，继续发扬禅道，认为行、住、坐、卧都是修炼成佛的活动。

⑯见性：彻见自心的佛性。

⑰宿昔有缘：前世就有的缘分。

述意

　　此段为《坛经·行由品第一》的开篇首段，记述了惠能大师在韶州曲江县曹溪山之宝林寺为官员及僧俗众人开缘说法。惠能大师简要地讲述了自己的家世、经历、闻经开悟，决定前往黄梅，参礼禅宗五祖弘忍大师。惠能开示众人，人人自我本性原本清净，自要守住自心，就能直接成佛。这是《坛经》全书的宗旨。

经 语 精 华

南朝梁·宝志《大乘赞》："慈心一切平等，真如菩提自现。"

《景德传灯录·简禅师》："德山以手中扇子再招之，师忽开悟。"

《金刚经》："若是经典所在之处，即为有佛，若尊重弟子。"

惠能安置母毕，即便辞违①不经三十余日，便至黄梅，礼拜五祖。

祖问曰："汝何方人，欲求何物？"

惠能对曰："弟子是岭南新州百姓，远来礼师，惟求作佛②，不求余物。"

祖言："汝是岭南人，又是獦獠③，若为堪作佛？"

◎唐 鎏金铜佛◎

惠能曰："人虽有南北，佛性本无南北④，獦獠身与和尚不同⑤，佛性有何差别？"

五祖更欲与语，且见徒众总在左右，乃令随从作务⑥。

惠能曰："惠能启和尚，弟子自心常生智慧⑦，不离自性⑧，即是福田⑨。未审和尚教作何务？"

祖云："这獦獠根性大利⑩，汝更勿言，著槽厂去⑪。"

惠能退至后院，有一行者⑫，差惠能破柴踏碓⑬。

经八月余，祖一日忽见惠能，曰："吾思汝之见可用，恐有恶人害汝，遂不与汝言，汝知之否？"

惠能曰："弟子亦知师意，不敢行至堂前，令人不觉。"

译文

　　惠能安顿好老母亲以后，就告别离开了老母亲，不到三十天的时间，就到达了黄梅县的东禅寺，向五祖弘忍大师行礼参拜。

　　五祖问道："你是什么地方的人？到这座佛寺想要求得什么物件？"

　　惠能回答说："弟子是岭南新州的一个百姓，从远方前来向师父参拜行礼，只求教诲，开悟成佛，不求多余的物件。"

◎南禅寺◎

　　五祖说道："你是岭南地方的人，又是尚未开化的獦獠，如何能够成佛？"

　　惠能回答说："人们虽然有居住在南方或北方的差别，但是人们心中固有的佛性却没有南方或北方的差别。我作为獦獠，出身与大和尚确实不同，但是人人心中都固有成佛的本性，这又有什么差别呢？"

　　五祖大师还想要和惠能再说下去，但是见到众多的弟子全都在身边左右，就让惠能跟随众弟子做活去。

　　惠能说："惠能我启禀大和尚，弟子自己的心中常常生出智慧的念头，我认为不离开自己固有的本性，就是能够实现的福田。我不知道大和尚让我去做什么劳务？"

　　五祖大师说："你这獦獠的根性非常好。具有修行悟道的禀赋，你再不要说什么了，先到马棚里做活去吧。"

　　惠能从禅堂退下来到寺中的后院，有一位行者，派遣惠能去劈木柴和踏碓舂米。

　　从此，惠能做这些活计一直做了八个多月，有一天，五祖大师突然召见惠能，说道："我考虑到你的见识是可以采用的，担心有恶人因嫉妒而危害你，接见你那一天就没有和你深入交谈，你明白我的这些用心吗？"

　　惠能回答说："弟子也知道师父的这些心意，因此不敢走到师父所在的佛堂前，为的是让别人无所察觉。"

注释

①辞违：告别离开。
②惟：只。作佛：修行成佛。
③獦（gé）獠：我国古代对南方以捕猎为生的少数民族侮蔑性的称呼。此指惠能是尚未开化的蛮族。
④佛性：这里指成佛的可能性。
⑤和尚：指德高望重的受戒僧人。也用作佛家弟子对师父的尊称。后来泛指僧人。
⑥作务：做寺院中的杂务。
⑦智慧：佛家称"智"是了解一切事相，"慧"是明白一切事理。
⑧自性：每人自身所具有的本性。
⑨福田：本指人们在田地里种植庄稼就会有所收获，此比喻做善事者就会获得福慧之报。
⑩根性：指人的本性中能生出的善缘或恶业的力量。
⑪著（zhuó）：到。槽厂：马棚。
⑫行者：泛指修行佛法的人。有剃发为僧的，也有在寺院内做杂务而带发修行的。
⑬碓（duì）：用木或石制成的捣米工具。可用手持杵或用脚踏杵舂米。

述意

　　此段简述惠能大师到黄梅参拜五祖弘忍大师，表明自己一心修行成佛的愿望。惠能虽被五祖视为尚未开化的蛮族，但是他认为自己在佛性上与德高望重的受戒僧人没有差别。他说自己"自心常生智慧，不离自性，即是福田"，这一番话打动了五祖，知道他"根性大利"，于是让他暂时到马棚去做杂务。惠能便去劈柴舂米。这里说明，要修行成佛，首要的是不要超离自我本性，从自心求佛。

 经 语 精 华

　　《涅槃经》："一切众生，悉有佛性。"

　　《北齐书·杜弼传》："魏帝见之九龙殿，曰：'闻卿精学，聊有所问，经中佛性、法性为一为异？'对曰：'佛性、法性，止是一理。'"

　　唐·释道世《诸经要集》引《佛说福田经》："佛告天地，复有七法广施，名曰福，行者得福，即生梵天。"

　　南齐·萧子良《净住子奉养僧田门》："盛道可观，六道归依而出有；高行难拟，七众相从为福田。"

◎俗　语◎

佛性在自心，无须外处求。

害人之心不可有，防人之心不可无。

祖一日唤诸门人总来："吾向汝说，世人生死事大，汝等终日只求福田，不求出离生死苦海[1]。自性若迷，福何可救？汝等各去，自看智慧，取自本心般若之性[2]，各作一偈[3]，来呈吾看，若悟大意，付汝衣法[4]，为第六代祖。火急速去，不得迟滞。思量即不中用[5]，见性之人，言下须见。若如此者，轮刀上阵，亦得见之。"

众得处分[6]，退而递相谓曰：我等众人，不须澄心用意作偈[7]，将呈和尚，有何所益？神秀上座[8]，现为教授师[9]，必是他得；我辈谩作偈颂[10]，枉用心力。余人闻语，总皆息心，咸言我等已后依止秀师[11]，何烦作偈。

神秀思惟[12]：诸人不呈偈者，为我与他为教授师，我须作偈，将呈和尚。若不呈偈，和尚如何知我心中见解深浅。我呈偈意，求法即善，觅祖即恶[13]，却同凡心夺其圣位奚别[14]？若不呈偈，终不得法，大难大难。

五祖堂前，有步廊三间，拟请供奉卢珍画《楞伽经》变相及五祖血脉图[15]，流传供养。神秀作偈成已，数度欲呈，行至堂前，心中恍惚，遍身汗流，拟呈不得。前后经四日，一十三度，呈偈不得。

秀乃思惟：不如向廊下书著[16]，从他和尚看见，忽若道好，即出礼拜，云是秀作。若道不堪，枉向山中数年，受人礼拜，更修何道？

是夜三更，不使人知，自执灯，书偈于南廊壁间，呈心所见。偈曰：

　　"身是菩提树，心如明镜台。

　　时时勤拂拭，勿使惹尘埃。"

秀书偈了，便却归房，人总不知。秀复思惟：五祖明日见偈欢喜，即我与法有缘，若言不堪，自是我迷，宿业障重[17]，不合得法[18]，圣意难测[19]。房中思想，坐卧不安，直至五更。

◎宋 铜大日如来坐像◎

译文

　　有一天，五祖弘忍大师召集众弟子全都来到佛堂，说道："世人如何才能摆脱生死的事情是很重要的，你们这些人整天修行，只是追求得到福田，而不求修取智慧脱离生死苦海。你们自身本有的佛性如果迷失，只求福田又怎么能够救得你们脱离苦海？你们这些人各自回去，每人观照自己的智慧，取用自心所具有的般若本性，各自做一首偈颂，呈上来给我看。如果有谁能体悟到佛法的重要意义，我就把代表师承的袈裟和教法传授给他，他将成为禅宗的第六代祖师。你们火速地回去，不能延迟耽搁，用尽心思考虑是没有用处的，识见佛性的人，偈颂中所运用的语言就能够表现出来。像这样做到的人，就同抡动战刀似车轮飞转一般冲向敌阵，在刹那之间也能显现其领悟。"

　　众弟子听完五祖禅师的吩咐，都退了下去，一个接一个地议论起来，互相说道："我们这些平常的僧人，不必去澄静心思刻意地来做偈颂，把它呈送给住持和尚，又有什么益处？神秀位居上座之职，现在是教授师，六祖的位置一定是属于他的。我们这些人随意地作篇偈颂，只是白白地耗心费力。"其他的人听了这些话，全都去掉了作偈的心思，都说："我们这些人以后就追随依靠神秀禅师，哪里用得着费心作偈？"

　　神秀暗自思虑：众人都不作偈呈送五祖大师的原因，是因为我

◎罗汉图(部分)◎
图中画佛教十六汉。罗汉或休闲纳凉，或观山赏梅，或诵读经文，或闭目静坐。

是他们众人的教授师, 我却一定要作一首偈颂,
把它呈送给住持大和尚。如果不作出偈颂
呈交上去, 住持大和尚怎么能知道我的
心中对佛法的见解是深是浅。我所作出
的呈送给五祖大师的偈颂, 其意旨如
果是为了求法, 即是善意的, 如是为
了获取六祖的位子, 就是恶意的, 这
跟那些具有凡心的人夺取圣位有什么
区别? 如果不作出偈颂呈送给大师,
终究不能得到佛法, 这真叫我感到太难
了, 太难了。

◎菩提树◎

　　五祖弘忍大师的禅堂前面, 有可供行走的
廊房三间, 准备请供奉卢珍在里面的墙壁上画《楞伽
经变相》和《五祖血脉图》, 以便流传下去, 让人们供养。

　　神秀作成偈颂以后, 有好几次想要呈递上去, 走到五祖的禅堂
前, 就心中紧张起来, 甚至有些精神恍惚, 浑身流汗, 打算呈递偈颂,
却始终没有呈上去。前前后后一直过去了四天, 总共有十三次要呈交
上去, 但始终也没有拿出勇气把偈颂呈交上去。

　　神秀暗自思虑: 我还不如把作成的偈颂写在廊房的墙壁上, 让五
祖大和尚看见, 他如果说我的偈颂作得好, 我就走出来向五祖禅师行
礼参拜, 说这首偈颂是我神秀所作。如果五祖禅师说这首偈颂作得
不好, 那就是我在这黄梅县山中白白修行了这么多年, 徒然受他人的
礼拜, 还再修什么佛道?

　　这天的夜里三更时分, 神秀禅师不让人知道, 自己端着灯盏, 在
南廊的墙壁上写下所作的偈颂, 表达了他心中对佛法的体悟。偈颂说
道:

　　　　自身就是菩提树, 本心如同明镜台。

　　　　时时辛勤去拂拭, 不要让它落尘埃。

　　神秀写完偈颂, 就回到自己的僧房, 全寺中的人都不知道这件
事。神秀又暗自思虑: 五祖禅师明天看到我作的偈颂, 如果显露欢喜之
情, 这就说明我与佛法有缘分, 如果说作的偈颂不好, 这就是我自己仍
然心迷, 前世留下的罪业深重, 不应该得到佛法, 五祖的心意难以揣
测。神秀在僧房中左思右想, 坐卧不安, 一直到五更天也没有入睡。

注释

①生死苦海：佛教指各种苦难的世界，即众生的生死轮回如同沉没于难以出离的大海。

②般若（bō rě）：梵语的音译，意为智慧。

③偈（jì）：梵语"偈陀"的简称，意译为颂，是僧人所用的近似于诗的唱词。多用三言、四言、五言、六言、七言以至多言为句，四句为一偈。

④衣法：衣，指僧人的袈裟。法，指印证佛心的正法。

⑤思量：思考度量。

⑥处分：吩咐。

⑦澄心：使心绪澄静思考。

⑧神秀：汴州尉氏（今河南尉氏县）人。五祖弘忍大师的弟子中的第一位。五祖圆寂后，神秀转至江陵当阳山传法，主张"渐悟"之说。上座：僧人职位的名称，在禅宗寺院的住持之下。

⑨教授师：僧人分工的职称，负责教授弟子威仪、作法。

⑩谩：轻慢随意。

⑪依止：依赖而不离开。

⑫思惟：思考。佛教称思考真实的道理为正思惟，是八正道之一。

⑬觅祖：指求取六祖的位子。

⑭奚别：有什么差别。

⑮供奉：官名，多是有文学、绘画、音乐等专长的人。《楞伽经》，全称《楞伽阿跋多罗宝经》。楞伽，山名，阿跋多罗，意为"入"。是佛陀入楞伽山所说之宝经，其宗旨是说世界万物皆由心所造。变相：描绘佛教故事的图画。

⑯书著（zhuó）：写上。

⑰宿业障：过去世所做的恶业烦恼。

⑱合：应该。

⑲圣意：指五祖弘忍的心意。

述意

　　此段记述五祖弘忍大师让众弟子每人各作一首偈语，用来表达自我本心的般若之性。谁表达得透彻，谁将得传衣钵，成为禅宗六世祖。其中神秀已是寺院的上座，且身为教授师，经过一番犹豫，作出偈语，题写于墙壁上。他的这首偈语认为佛性要从心外求取，而不在自己心中。心像一面明镜，能映照外物。外物包括一切烦恼，会污染心境，所以要"时时勤拂拭"，不要让外界的万事万物干扰了自性。因而他强调渐悟，要不断地修心养性，才能成佛，因而他没有识见自我本性。

◎明　紫漆木雕阿弥陀佛坐像◎

经 语 精 华

　　唐玄奘《大唐西域记·摩揭陀国》："菩提树者,即毕钵罗之树也。昔佛在世,高数百尺,屡经残伐,犹高四五丈。佛坐其下,成等正觉,因为谓之菩提树焉。茎干黄白,树叶青翠,冬夏不凋,光鲜无变。"

　　关于《楞伽经》。《楞伽经》的主旨在于提出五法(名、相、妄想、正智、如如)、三性(遍计、依他、圆成)、八识(眼、耳、鼻、舌、身、意、末那、阿赖那)等,说明宇宙中一切事物、现象都是自心所见,虚假不实。其中的第八识阿赖那(即"心")是认识世界的一切根本,主张建立一个不生不灭的涅槃境界。此经是禅宗、法相宗、法性宗的理论根据。

　　《大智度论》："般若者,秦言(即汉语)智慧也。一切智慧中最为第一,无上,无比,无等,更无胜者,穷尽到边。"

◎俗　语◎

静中观心,真妄毕现。
人能诚心和气,胜于调息观心。

祖已知神秀入门未得①，不见自性。天明，祖唤卢供奉来，向南廊壁间绘画图相，忽见其偈。报言："供奉却不用画，劳尔远来。经云②：'凡所有相③，皆是虚妄。'但留此偈，与人诵持。依此偈修，免堕恶道④。依此偈修，有大利益。"令门人炷香礼敬⑤，尽诵此偈，即得见性。

门人诵偈，皆叹"善哉"。

祖三更唤秀入堂，问曰："偈是汝作否？"

秀言："实是秀作，不敢妄求祖位。望和尚慈悲⑥，看弟子有少智慧否？"

祖曰："汝作此偈，未见本性，只到门外，未入门内。如此见解，觅无上菩提⑦，了不可得。无上菩提，须得言下识自本心，见自本性。不生不灭⑧，于一切时中⑨，念念自见⑩，万法无滞，一真一切真，万境自如如⑪。如如之心，即是真实。若如是见，即是无上菩萨之自性也。汝且去一两日思惟，更作一偈，将来吾看汝偈，若入得门，付汝衣法。"

神秀作礼而出，又经数日，作偈不成，心中恍惚，神思不安，犹如梦中，行坐不乐。

复两日，有一童子，于碓坊过⑫，唱诵其偈。惠能一闻，便知此偈未见本性。虽未蒙教授，早识大意。遂问童子曰："诵者何偈？"

童子曰："尔这獦獠不知。大师言，世人生死事大，欲得传付衣法，令门人作偈来看。若悟大意，即付衣法，为第六祖。神秀上座，于南廊壁上，书无相偈，大师令人皆诵，依此偈修，免堕恶道。依此偈修，有大利益。"

惠能曰："我亦要诵此，结来生缘。上人⑬，我此踏碓，八个余月，未曾行到堂前，望上人引至偈前礼拜。"

童子引至偈前礼拜。惠能曰："惠能不识字，请上人为读。"

时有江州别驾⑭，姓张，名日用，便高声读。惠能闻已，遂言："亦有一偈，望别驾为书。"

别驾言："汝亦作偈，其事希有⑮。"

译文

　　五祖大师已经知道神秀尚未悟得佛道，还没有识见自心已有的佛性。天亮的时候，五祖大师把供奉卢珍请来，一同到南边廊檐下的墙壁前绘画经文的图相，忽然见到神秀在那里书写的偈颂，就告诉卢珍说："供奉不用在这里绘画了，劳驾您远道前来了。"五祖又说道："《金刚经》上说：'凡是有形体的事物和现象，都是虚假的、不真实的。'现在只留下这首偈颂，给人们念诵修持。依照这首偈颂去修行，能够避免堕入恶道；依照这首偈颂去修行，会收到很大的利益。"五祖大师就让弟子们点燃线香行礼致敬，全都念诵这首偈颂，这能够识见自心的本性。

　　众弟子开始念诵神秀所作的这首偈颂，都连声说着"善哉"，赞叹不已。

　　五祖大师在三更时分把神秀叫到禅堂中，向他问道："南廊墙壁上的偈颂是不是你作的？"

　　神秀回答说："确实是我神秀所作，我不敢妄想求取六祖的位置，只盼望大和尚能大发慈悲，看看弟子我有没有些微的智慧？"

　　五祖大师说："你作的这首偈颂，还没有识见到你自心的本性，只是到了佛道的大门外，还没跨入门内。按照你偈颂中的见解，去寻求无上的觉悟，是完全不可能得到的。佛家所说的无上的觉悟，必须是在偈颂的话语中认识到自己的本心，见识到自己的本性。佛家所说的不生不灭，在所有的时间中，在每一念的刹那之间，自己都能体悟到。万事万物、千万种现象都没有滞碍，这一种本性是真实的，一切事物、现象也都是真实的，万事万物自会真实平等而没有区别。自心如果能体现真如的佛

◎六尊者像◎
共六开，应是卢氏
《十八罗汉图》的
留世部分。

性，这就是真实。如果有了像这样的识见，就是证悟了无上觉悟的本性了。你暂且回去用一两天的时间仔细思考一番，再作一首偈颂，把它拿来让我看看你新作的偈颂。如果这首新偈颂表明你确实进入了佛家大门，我就传给你衣钵。"

神秀行过礼之后退了出来，又经过了好几天，还没有作出新的偈颂，整天心中恍恍惚惚，精神不安宁，思想不集中，如同在梦境中一样，行走、坐下都闷闷不乐。

◎坠腰石◎

又过了两天，寺院中有一个童子，从碓房门前经过，唱诵着神秀所作的那首偈颂，惠能刚一听到，就知道这首偈颂还没有见识到自心所有的本性。惠能虽然从未受过佛家的教诲，但是早已了解了佛学的主要思想。于是就问童子说："你念诵的是什么偈颂？"

童子回答说："你这个獦獠不知道最近发生的事。五祖大师说：'世上众生脱离生死苦海的事极其重要。'大师想要传授衣钵和教法，让门下众弟子各作一首偈颂呈送给他看。如果有谁领悟到佛法的主要思想，就把衣钵和教法传授给他，让他成为禅宗的第六代祖师。神秀上座就在南廊的墙壁上，书写了这首无相偈颂。五祖大师让众弟子都来念诵，依照这首偈颂去修行，能够避免堕入恶道，依照这首偈颂去修行，会收到很大的利益。"

惠能说："我也要念诵这首偈颂，以结下来生的缘分。上人，我在这里踏碓舂米，已经八个多月了，还不曾走到过禅堂之前，希望上人引领我到神秀书写的那首偈颂的前面去行礼参拜。"

童子就引领惠能到那首偈颂的前面行礼参拜。惠能说："惠能我不认识字，请上人为我读一下。"

当时在场的有一位江州别驾，姓张，名叫日用，就高声地读起来。惠能听完以后，就说："我也有一首偈颂，希望别驾替我写下来。"

别驾说道："你也要作偈颂，这种事可是少有。"

注释

①入门：指入道，即悟到佛理。

②经：这里指《金刚经》。

③相：佛教指人们所能感觉到的一切有形的事物和现象。

④恶道：佛教把地狱、饿鬼、畜生称为"三恶道"，一般主要指地狱。

⑤炷香：烧香。

⑥慈悲：佛教把关爱众生并施予快乐叫做"慈"，把怜悯众生并拔除其苦难叫做"悲"。

⑦无上菩提：指至高无上的觉悟。

⑧不生不灭：即永生。"生灭"，等同于"生死"。

⑨一切时：指过去、现在，未来的所有时间，即时时刻刻。

⑩念念：相当于"刹那"，指极短的时间。

⑪如如：即如同真如。真如是佛教所指永恒常在的实体、实性。

⑫碓坊：用碓舂米的屋舍。

⑬上人：意为上德之人，后用来尊称僧人。此处称呼那位童子。

⑭江州：今江西省九江市。别驾：州刺史的佐官。

⑮希：同"稀"，少。

述意

此段记述惠能大师见到神秀所作之偈，认为此偈还没有识见自我本心、本性，告诉神秀只是到了佛门之外，尚未登堂入室。并开示他，本性是不生不灭的，求佛性、成就佛要从自心求之，不能凭借外力。

本段还记述了惠能大师听了寺中一童子念诵的神秀所作偈语，就知道神秀尚未识见本性，说明惠能宿有慧根，悟性甚高，虽不识字，但心中自有佛性。

《金刚经》："不取于相，如如不动。"

唐·白居易《读禅经》诗："摄动是禅禅是动，不禅不动即如如。"

《维摩诘所说经·方便品》："是身如电，念念不住。"

北齐·颜之推《颜氏家训·归心》："若有天眼，鉴其念念随灭，生生不断，岂可不怖畏邪？"

◎俗语◎

脱俗成名，超凡入圣。

净从秽生，明从暗出。

惠能向别驾言："欲学无上菩提，不得轻于初学。下下人有上上智①，上上人有没意智②。若轻人，即有无量无边罪③。"

别驾言："汝但诵偈，吾为汝书。汝若得法，先须度吾④，勿忘此言。"

惠能偈曰：

"菩提本无树，明镜亦非台。

本来无一物，何处惹尘埃。"

书此偈已⑤，徒众总惊，无不嗟讶⑥，各相谓言："奇哉，不得以貌取人，何得多时使他肉身菩萨⑦。"

祖见众人惊怪，恐人损害，遂将鞋擦了偈，曰："亦未见性⑧。"众以为然⑨。

译文

惠能对张日用别驾说道："想要学习至高无上的菩提觉悟之道，不可以对初学佛法的人予以轻视。最下等的人中也会有最上等的智慧，最上等的人中也会有愚钝而无智慧的。如果轻视他人，就有不可估量的罪过。"

◎菩萨◎

张日用别驾说道："你只管吟诵偈颂，我替你写下来。你如果得到了佛法，先要来度我，请你不要忘了这句话。"

惠能吟诵偈语说：

"原本没有菩提树，明镜台也不存在。

世间本来无一物，何处能落上尘埃。"

张日用写下这首偈语之后，众弟子全都大吃一惊，没有人不惊讶嗟叹的，彼此交谈说道："真是神奇啊，真是不能以貌取人，竟是用了多少时间让他成就了肉身菩萨。"

五祖大师看见众人都表示惊讶奇怪，担心有人会加害于惠能，就用鞋底擦去了这首偈语，说道："此偈也未表现出自心的佛性。"众人也都认为大师说得对。

注释

①下下人：最下等的人。上上智：最高的智慧。古时把人或事物等按程度分为九等，下下属最低，上上属最高。

②没意智：指没有智慧，或指智慧被埋没。意智，指思考的智慧。

③无量无边：不可估量。无量，指时间、空间、数量的不可限量。也用以指佛德的不可限量。

④度：同"渡"，渡过去。佛教指渡过生死迷惑的苦海，到达解脱涅槃的彼岸。

⑤已：结束。

⑥嗟讶：惊讶嗟叹。

⑦肉身菩萨：佛家指称生身菩萨，即是凭借父母生下的身体而达到菩萨阶位的人。菩萨在这里指不断修习大乘佛教教义而能够在未来成就佛道的修行者。

⑧性：自心所有的佛性。

⑨然：这样。

述意

　　此段先简要记述惠能大师对佛理、佛性的领悟，说明他已悟得了佛学的真谛，跨入了佛教的殿堂。本段的中心是惠能所作的偈语。这则偈语完全针对神秀大师的偈语而言，而其核心内容却与之截然相反。他认为"菩提本无树"，世界上"本来无一物"，即宇宙中原本不存在万事万物万象，这一切本来就都是虚假不实，是自心所见。每人的自我本心向来是清净明澈的，根本不会招惹尘埃。

经 语 精 华

　　《楞严经》："是清净人修三摩地，父母肉身不须天眼，自然观见十方世界。"

　　元·方回《杂书》诗："自恨肉身无报答，日常饱饭夜安眠。"

　　汉·刘安《淮南子·俶真训》："莫窥形于生铁，而窥于明镜者，以睹其易也。"

　　《圆觉经》："慧目肃清，照曜心境。"

　　明·洪应明《菜根谭》："心虚则性现，不息心而求见性，如拨波见月；意净则心清，不了意而求明心，如索镜增尘。"

◎成语◎

无中生有　无量无边　以貌取人

次日，祖潜至碓坊，见能腰石舂米①，语曰："求道之人，为法忘躯②，当如是乎。"

乃问曰："米熟也未③？"

惠能曰："米熟久矣，犹欠筛在④。"

祖以杖击碓三下而去⑤。惠能即会祖意，三鼓入室。

祖以袈裟遮围⑥，不令人见，为说《金刚经》。至"应无所住而生其心⑦"，惠能言下大悟，一切万法不离自性。

遂启祖言⑧："何期自性⑨，本自清净；何期自性，本不生灭；何期自性，本自具足⑩；何期自性，本无动摇；何期自性，能生万法。"

祖知悟本性，谓惠能曰："不识本心，学法无益。若识自本心，见自本性，即名丈夫、天人师、佛⑪。"

三更受法，人尽不知，便传顿教及衣钵⑫，云："汝为第六代祖，善自护念⑬，广度有情⑭，流布将来，无令断绝。

听吾偈曰：

　　　　有情来下种，因地果还生。

　　　　无情即无种，无性亦无生。"

祖复曰："昔达摩大师⑮，初来此土，人未之信，故传此衣，以为信体⑯，代代相承。法则以心传心，皆令自悟自解。自古佛佛惟传本体⑰，师师密付本心⑱。衣为争端，止汝勿传，若传此衣，命如悬丝。汝须速去，恐人害汝。"

惠能启曰："向甚处去？"

祖云："逢'怀'则止⑲，遇'会'则藏⑳。"

惠能三更领得衣钵，云："能本是南中人㉑，素不知此山路，如何出得江口㉒？"

五祖言："汝不须忧，吾自送汝。"

译文

　　第二天，五祖大师秘密地来到碓房，看见惠能腰上拴缚着一块巨石正在用力地舂米，就对他说道："探求佛道的人，为了得到佛法竟忘记了自己的身躯，正应该像你这样啊。"

　　五祖大师又问道："米舂好了没有？"

　　惠能答道："米舂好很久了，只是还缺少用筛子再筛一遍。"

　　五祖大师用手中的禅杖敲打了三下石碓，然后离开了。惠能当即领会了五祖大师的用意，在当夜三更时分来到五祖的禅室。

　　五祖大师用袈裟把窗户遮蔽起来，不让外面的人看见屋内的活动，就给惠能讲解《金刚经》。当他讲到"应无所住而生其心"一句时，惠能在解说之下大大觉悟，明白了一切佛法都没有离开自我的本性。

　　惠能于是就禀告五祖大师说："哪里想得到自我的本性，原本就是清净的；哪里想得到自我的本性，原本就是不生不灭的；哪里想得到自我的本性，原本就是完备充足的；哪里想得到自我的本性，原本就是没有动摇的，哪里想得到自我的本性，原本就是能生出一切万法的。"

五祖大师知道惠能已经悟得了本性，就对惠能说道："不认识本心，学习佛法并没有补益。如果认识了自我的本心，识见了自我本心所具有的佛性，这就可以称为调御丈夫，称为天人教师，称为佛。"

三更时分，五祖大师给惠能传授佛法，寺内的人们全都不知道，五祖于是又把禅宗的顿悟教法以及法衣袈裟和自用的钵盂传给了惠能，说

◎五祖寺◎

道："你如今已经是禅宗的第六代祖师，自己要好好护持记住，要普度天下中有情的众生，要把禅宗的教法广泛地传布到将来，不要让它中断绝传。听一听我的偈语吧：

　　　　有情众生前来下种，凭借心地善果生成。

　　　　无情众生既无善种，不识本性亦无果生。"

五祖大师接着又说道："先前菩提达摩大师，刚刚由天竺来到我们这块国土弘扬佛法之时，人们还不相信他，所以传下这件法衣袈裟，把它作为代表禅宗的信物，用来一代接一代地传承下去。顿悟的教法就是以心传心，都是让信众自己悟得，从而自我解脱。自古以来，历来诸佛只是传授佛学的最根本的真谛，历代祖师传承的也只是识见本心的密付教法。法衣袈裟会成为僧众争夺的祸端，所以如今传到你这里就不要再传下去了，如果再传这件法衣袈裟，你的性命就会像悬挂在一根丝缕上，时时都有断绝的危险。你要迅速地离开这里，我担心会有人加害于你。"

惠能向五祖大师问道："我往什么地方去呢？"

五祖大师说："逢到带'怀'字的地名就住下来，遇到带'会'字的地名就隐藏起来。"

惠能在三更时分领受了法衣袈裟和钵盂，对五祖大师说道："我惠能本来是南方人，向来不知道这里山间的道路，怎么才能寻到渡口出去呢？"

五祖大师说道："你不必担忧，我亲自送你出去。"

注释

①腰石：腰上拴着石头。这为的是增加身体的重量，踏碓才更有力。

②法：指佛法。

③米熟：指把米舂好了。这里是五祖以舂米为喻，意在询问惠能是否悟道，是否思考成熟。

④犹欠筛在：这里惠能以筛米为喻，意在说明自己思虑已经成熟，只差五祖大师验证了。

⑤击碓三下：这里是五祖大师暗示惠能在当夜三更接见他。

⑥袈裟：古梵语的译音，本名"迦沙曳"，后改写为"袈裟"，是僧侣披在外面的法衣。意为染色、不正色、坏色等，因法衣皆要染成浊色，故名。法衣是由许多长方形的小布块缝合而成的，有如一块块农田，故又名福田衣。

⑦"应无"句：是《金刚经》中的名句，意思是：无论处于什么境地，心都能无所执著，而生起佛心，体悟真理。

⑧启：禀告，告知。

⑨期：想到。

⑩具足：完备充足。

⑪丈夫：本指成年男子，佛教中用来作"调御丈夫"的省称，是佛的十大名号之一，意思是能够调御一切可度的丈夫。天人师：是佛的十大名号之一，又称"天人教师"，意为佛陀是诸天和人类的教师。

⑫顿教：顿悟成佛的教法。衣钵：佛教中指法衣和钵盂。衣，指三衣，即九条衣、七条衣、五条衣三种袈裟。钵，是僧人必备的饮食器具。禅宗的传法即是把衣钵传授给后继的弟子。

⑬护念：保护牢记。

⑭有情：泛指众生，即一切有情识的生物。

⑮达摩：菩提达摩（？—公元535年）的省称，本名菩提多罗。天竺（古印度）人，南朝梁时的普通元年（公元520年）来到我国的广州番禺，梁武帝派使臣迎到建康（今南京市），后渡长江至嵩山少林寺，面壁坐禅九年，传法于弟子神光（慧可），授其袈裟和四卷《楞伽经》。梁武帝尊称其为"圣胄大师"，唐代宗赐谥号为"圆觉大师"。禅宗称其为天竺（西天）禅宗的第二十八祖，我国禅宗的初祖。

⑯信体：用作代表的信物。

⑰佛佛：指历代诸佛。本体：指佛教的根本，即佛学之真谛。

⑱师师：指禅宗的历代祖师。

⑲怀：此指怀集县（今广西梧州市）。

⑳会：此指四会县（今广东新会县）。

㉑南中：指南方。

㉒江口：渡口。

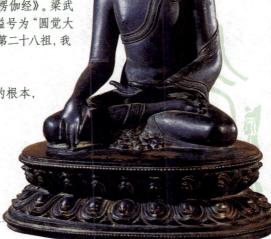

述意

　　此段记述五祖弘忍大师从惠能的偈语中了解了惠能已完全领悟佛法、佛性，就用禅杖打了碓白三下，暗示惠能在当夜三更前往方丈会见五祖。惠能领悟而去，听五祖讲说《金刚经》，言下大悟，他立即说出自己的认识：自我的本性原本就清净，不生不灭，完备充足，没有动摇，能生出一切万法。五祖便将顿悟教法和法衣袈裟、钵盂传授于他，使他成为禅宗的第六代祖师。并告诫他以后不再下传衣钵，免得引发争端，只是以心传心的方法，弘扬顿教。

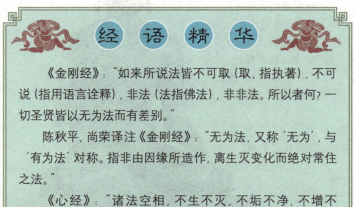

经 语 精 华

　　《金刚经》："如来所说法皆不可取（取，指执著），不可说（指用语言诠释），非法（法指佛法），非非法。所以者何？一切圣贤皆以无为法而有差别。"

　　陈秋平、尚荣译注《金刚经》："无为法，又称'无为'，与'有为法'对称。指非由因缘所造作，离生灭变化而绝对常住之法。"

　　《心经》："诸法空相，不生不灭，不垢不净，不增不减。"

　　宋·释普济《五灯会元》："佛于二月八日明星出时成道，号天人师。"

◎俗　语◎
人能放得心下，即可入圣超凡。

◎成　语◎
代代相承　以心传心　命如悬丝

祖相送直至九江驿①。祖令上船，五祖把橹自摇。

惠能言："请和尚坐，弟子合摇橹②。"

祖云："合是吾渡汝③。"

惠能云："迷时师度，悟了自度。度名虽一，用处不同。惠能生在边方，语音不正，蒙师传法，今已得悟，只合自性自度。"

祖云："如是如是。以后佛法，由汝大行。汝去三年，吾方逝世。汝今好去，努力向南，不宜速说④，佛法难起⑤。"

惠能辞违祖已⑥，发足南行。两月中间，至大庾岭⑦。逐后数百人来⑧，欲夺衣钵。

一僧俗姓陈，名惠明，先是四品将军，性行粗糙⑨，极意参寻⑩，为众人先，趁及惠能。惠能掷下衣钵于石上，曰："此衣表信⑪，可力争耶？"能隐草莽中。

惠明至，提掇不动，乃唤云："行者行者，我为法来，不为衣来。"

惠能遂出，盘坐石上。惠明作礼云："望行者为我说法。"

惠能云："汝既为法而来，可屏息诸缘⑫，勿生一念，吾为汝说。"

明良久。惠能云："不思善，不思恶，正与么时⑬，那个是明上座本来面目⑭？"

惠明言下大悟，复问云："上来密语密意外⑮，还更有密意否？"

惠能云："与汝说者，即非密也。汝若反照⑯，密在汝边。"

明曰："惠明虽在黄梅，实未省自己面目。今蒙指示，如人饮水，冷暖自知。今行者即惠明师也。"

惠能曰："汝若如是，吾与汝同师黄梅。善自护持。"

明又问："惠明今后向甚处去？"

惠能曰："逢'袁'则止⑰，遇'蒙'则居⑱。"

明礼辞。

译文

　　五祖弘忍大师护送惠能一直到江西的九江驿。五祖大师让惠能上船，他亲自握住橹摇起来。

　　惠能说道："请师父坐下，弟子应该摇橹。"

　　五祖大师说道："应该是我摆渡你到达彼岸。"

　　惠能说道："我迷蒙的时候，师父度我，我已经开悟了，就要自己度自己。度的说法虽然是一样的，但师父度我和我自度，用起来却是不相同的。惠能我生长在边远的地方，语音不正确，承蒙师父传授佛法，如今已经得到开悟，就应当用自己的本心来度自己了。"

　　五祖大师说道："是像你说的这样，是像你说的这样。以后在佛法方面，就要由你广为推行传布了。你离开这里三年以后，我才离开人世。你今天好生地离开这里，奋发尽力地向南方走去，不宜于追求过早地讲述顿悟的法门，因为佛法很难在短期内兴盛起来。"

　　惠能辞别了五祖弘忍大师以后，迈开脚步向南方走去。用了两个月的时间，到达了大庾岭。在这期间，在他后面追踪赶来的人有好几百个，都想来抢夺法衣袈裟和钵盂。

　　有一个僧人，俗姓陈，法名叫惠明，出家以前是四品将军，性格行为粗鲁野蛮，一个心思地极力打听追寻惠能，跑到了众人的前面，追赶上了惠能。惠能把法衣袈裟和钵盂放到一块巨石上，说道："这件法衣袈裟是象征着佛法的信物，难道是可以用武力来争夺的吗？"惠能说完就隐藏在草丛林莽之中。

　　惠明追赶到巨石的旁边，见到了上面的法衣袈裟，就伸手去拿，却怎么也提不起来，就大声呼唤道："行者，行者，我是为学习佛法而来，不是为得到法衣袈裟而来。"

惠能于是从草丛中走出来，盘起双腿跌坐在巨石上。惠明向惠能行礼参拜，说道："希望行者给我宣讲佛法。"

惠能说道："你既然是为学习佛法而来，应当屏息凝神，去除心中所追求的一切现象，不要生出一点儿杂念，我给你讲说佛法。"

惠明沉默了很久。惠能说道："不是有意地思量做善事，不是有意地思量做恶事，正是在这种时候，什么才是你惠明上座的本来面目呢？"

惠明在这句话的启示之下立刻大悟，又问道："除了上面所说的密语密意之外，还再有什么密意没有？"

惠能说道："给你说了的，就不是秘密了。你如果能够凭借自性返观本心，妙法的秘密就在你自己那一边了。"

惠明说道："惠明我虽然在黄梅弘忍大师那里修行佛法，其实并未觉悟而认识到自己的本来面目。如今承蒙您的开导指示，就如同人喝水一样，水的凉或热只有自己知道。从今日起始，行者您就是惠明我的师父了。"

惠能说道："你如果有这种想法，我和你就一同以黄梅的五祖弘忍大师为师吧。你要好好地护念修持。"

惠明又问道："惠明我今后应该到何处去？"

惠能回答道："逢见带'袁'字的地名就可以停下来，遇见带'蒙'字的地名就可以住下来。"

惠明听罢就礼拜辞别。

◎六祖避难石◎

注释

①九江驿：今江西九江市。

②合：应该。

③渡：此处是双关语，明指渡河，由此岸到彼岸，暗指使人解脱人世间的苦难，到达佛所在的极乐世界。

④速：这里指过早。

⑤起：兴起，兴盛。

⑥辞违：辞别。已：以后。

⑦大庾岭：五岭之一。又省称庾岭，一名梅岭。在江西大庾和广东南雄的交界处。

⑧逐：跟随追赶。

⑨粗糙：粗鲁野蛮。

⑩参寻：打听寻找。

⑪表信：代表佛法。

⑫屏息：本指抑止呼吸，凝聚精神，这里指排除一切杂念。诸缘：指人心所迷恋的外界一切现象。

⑬么时：此时。

⑭本来面目：禅宗指人人本来具有的不迷不悟的面目，即离开了一切烦恼和污染的自性。

⑮密意：指佛陀隐藏的真实而秘密的旨意。密语：指说出密意的言语。

⑯反照：返观本心。

⑰袁：指带有"袁"字的地名，这里指袁州，即今之江西宜春市。

⑱蒙：指带有"蒙"字的地名，这里指蒙山，在袁州。后来惠明居于此。

述意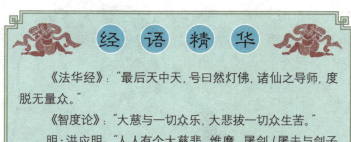

　　此段先记述五祖弘忍大师为使惠能安全出境，亲自护送他远行。在渡江之时，惠能用双关语"度（渡）"进一步表明了自己对佛法的领悟：愚迷之时靠师父度化开悟，领悟了佛法之时，就要自性自度，不能够再依靠外力。

　　然后记述惠能南行时，有数百人追踪赶来，要夺取衣钵。其中有一个名叫惠明的僧人首先赶来，他说明不是为夺取衣钵而是为寻求佛法而来。惠能大师用佛性须得自悟的道理予以开示，使惠明大悟。

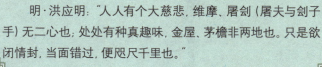

经 语 精 华

　　《法华经》："最后天中天，号曰然灯佛，诸仙之导师，度脱无量众。"

　　《智度论》："大慈与一切众乐，大悲拔一切众生苦。"

　　明·洪应明："人人有个大慈悲，维摩、屠刽（屠夫与刽子手）无二心也；处处有种真趣味，金屋、茅檐非两地也。只是欲闭情封，当面错过，便咫尺千里也。"

◎俗　语◎
真伪之道，只有一念。

◎谚　语◎
送佛送西天，送人送到底。

惠能后至曹溪①，又被恶人寻逐，乃于四会，避难猎人队中，凡经一十五载。时与猎人随宜说法②。猎人常令守网，每见生命，尽放之。每至饭时，以菜寄煮肉锅。或问，则对曰："但吃肉边菜。"

一日思惟：时当弘法③，不可终遁④。遂出至广州法性寺⑤，值印宗法师讲《涅槃经》⑥。时有风吹幡动⑦，一僧曰风动，一僧曰幡动，议论不已。

惠能进曰："不是风动，不是幡动，仁者心动⑧。"

一众骇然。印宗延至上席⑨，证诘奥义⑩，见惠能言简理当，不由文字⑪。

宗云："行者定非常人。久闻黄梅衣法南来，莫是行者否？"

惠能曰："不敢。"

宗于是作礼，告请传来衣钵，出示大众。宗复问曰："黄梅付嘱⑫，如何指授？"

惠能曰："指授即无⑬，惟论见性，不论禅定解脱。"

宗曰："何不论禅定解脱⑭？"

能曰："为是二法⑮，不是佛法。佛法是不二之法⑯。"

宗又问："如何是佛法不二之法？"

惠能曰："法师讲《涅槃经》，明佛性是佛法不二之法。如高贵德王菩萨白佛言⑰：'犯四重禁⑱，作五逆罪⑲，及一阐提等⑳，当断善根佛性否？'佛言：'善根有二：一者常，二者无常。'佛性非常非无常。是故不断，名为不二。一者善，二者不善，佛性非善非不善，是名不二。蕴之与界㉑，凡夫见二，智者了达其性无二，无二之性即是佛性。"

印宗闻说，欢喜合掌㉒，言："某甲讲经㉓，犹如瓦砾；仁者论义，犹如真金。"于是为惠能剃发㉔，愿事为师。

惠能遂于菩提树下，开东山法门㉕："惠能于东山得法，辛苦受尽，命似悬丝。今日得与使君、官僚、僧尼、道俗同此一会㉖，莫非累劫之缘㉗，亦是过去生中供养诸佛㉘，同种善根，方始得闻如上顿教、得法之因。教是先圣所传㉙，不是惠能自智。愿闻先圣教者，各令净心，闻了各自除疑，如先代圣人无别。"

一众闻法，欢喜作礼而退。

译文

惠能后来到了曹溪，又被恶人寻踪追赶，只好在叫做四会的地方，跑进猎人的队伍中躲避灾难，一共度过了十五年。在这期间，惠能经常根据猎人们的各种不同实际情况，适时地给他们讲说佛法。猎人们常常让惠能看守捕捉禽兽的罗网，他每当看到有禽兽被网捕获，就全都放跑了它们。每当到了做饭的时候，惠能就把蔬菜放在煮肉的锅里。有人问他为什么要这样做，他就回答说："我只吃肉旁边的蔬菜。"

有一天，惠能自己思考着：现在应当是弘扬佛法的时候了，不能总是这样逃遁隐藏下去。惠能于是从四会的猎人群中走出来，来到广州法性寺，恰好遇上印宗法师正在讲说《涅槃经》。当时有一股风吹得寺前的旗幡飘动，有一个僧人说这是风在动，另一个僧人说这是幡在动，众僧人全都对此议论不止。

惠能这时走进寺中，上前一步说："这既不是风在动，也不是幡在动，是各位仁者的心在动。"

◎辽 铜八臂观音坐像◎

寺中所有的僧人都现出惊讶的样子。于是印宗法师请惠能到上席就座，向他征求询问佛法的深奥义理，听到惠能解说得语言简明，道理准确，完全不局限于字面上的意思。

印宗法师说道："行者一定不是寻常的人。我好久以前就听说得到黄梅的五祖弘忍大师法衣袈裟和教法的人从南方来了，莫不是行者你吗？"

惠能答道："不敢当。"

印宗法师于是向惠能行礼，禀告他把五祖弘忍大师所传授的法衣袈裟和钵盂请出来，拿给大家看一看。印宗法师又问道："黄梅的五祖弘忍大师托付了法衣和钵盂，有什么指示和传授？"

惠能答道："指示和传授都没有，只是讲说了明心见性，不主张修习禅定从而得到解脱。"

印宗大师问道："为什么不主张修习禅定从

而得到解脱？"

惠能回答说："因为修习禅定从而得到解脱是一种有分别的法，这不是佛法，佛法是独一无二的法门，对一切现象应无分别。"

印宗大师又问道："什么是佛法的独一无二的法门？"

惠能回答说："法师你讲《涅槃经》，明白佛性是佛法的独一无二的法门。例如光明普照高贵德王菩萨告诉佛说：'违犯杀生、偷盗、邪淫、说谎四种根本禁戒，做下了杀母、杀父、杀阿罗汉、恶意伤害佛身体、分裂僧众五种重罪，以及不信佛法、断绝一切善根、无成佛之性的一阐提等，应当是断绝善根和佛性不是？'佛回答说：'善根有两种：第一种是常——即是永恒不变的，第二种是无常——即是瞬息即逝的。'佛性既不是常——既不是永恒不变的，也不是无常——即不是瞬息即逝的，所以善根不会中断磨灭，基于此，而把佛法称为独一无二的法门。众生的行为有两种：第一种是善——五戒十善就是善，第二种是不善——五逆十恶就是不善，而佛性既不是善，也不是不善，基于此，而把佛法称为独一无二的法门。五蕴和十八界，凡俗之人看见的只是差别，智慧的人明了通达它们的本性并没有差别，这种没有差别的本性就是佛性。"

印宗大师听了惠能的这番讲说，十分欢喜，双手合十行礼，说道："我对佛教经典的讲说理解，就如同瓦片沙砾一样没有什么价值，而仁者您阐述佛法大义，就如

同真金一样十分珍贵。"印宗大师于是给惠能削发剃度，并愿意奉事惠能为师父。

惠能就在菩提树下，开讲五祖弘忍大师传授给自己的禅宗法门。他说：

"惠能我在东山弘忍大师那里得到了传授的教法，各种辛苦都受尽了，性命就像悬挂在一根丝上。今天能够与韦使君、各位官员、各位僧尼、众位俗家弟子在这里一同相聚于法会，莫不是累叠许多劫量之后而结下的缘分，也是过去世中供养诸佛，一起种下了善根，才能够听闻无上的顿悟教法，以及我本人得到这些教法的因由。这个顿悟教法是先前历代祖师传授下来的，不是惠能我自己的智慧。希望听到历代祖师教诲的，各自都要让自己的内心清净，听了教诲之后，各自除去心中的疑惑，这就如同先前历代祖师一样，而没有什么差别了。"

所有的听众听了教法，都心中欢喜，行过礼就退了出去。

注释

①曹溪: 河名, 位于韶州 (今广东曲江县东南), 因流经曹侯冢, 故亦称曹侯溪。南朝梁天监元年 (公元502年), 天竺婆罗门三藏智药来到曹溪口, 喝了曹溪的水, 认为此处是胜地, 劝村民于此建寺, 因为此地很像天竺的宝林山, 而名其寺为宝林。智药并预言: 170年后有肉身菩萨在此开演无上法门。六祖到此弘法, 故亦称其为"曹溪大师", 又成为禅宗南宗的代称。

②随宜说法: 顺应众生不同的质素、特点以及在不同的时间、地点, 分别施以与其相适应的教法, 来宣讲佛法。

③弘法: 弘扬正法。

④遁: 躲逃隐匿。

⑤法性寺: 又称制旨寺, 今称光孝寺, 在广州西北部。东晋时僧人罽宾始建, 名王园寺。南朝时有多位名僧在此翻译佛经。唐高宗仪凤元年 (公元676年), 惠能来到此寺, 开东山法门。

⑥印宗法师 (公元627—公元713年): 唐代高僧, 吴郡 (今属江苏) 人, 在广州法性寺讲说《涅槃经》, 遇到六祖惠能大师之后, 才悟得禅宗的玄理, 从此以惠能为传法师。《涅槃经》: 全称是《大般涅槃经》: 共40卷, 其主旨是弘扬佛身常在, 强调"一切众生, 悉有佛性"。

⑦幡: 旗子中的一种, 幡身呈长条形, 幡头呈三角状, 挂于竹竿或木杆上, 多为布制, 亦有纸制等。

⑧仁者: 仁德的人, 用以尊称他人。

⑨延: 请。

⑩证诘: 征求询问。奥义: 深奥的义理。

⑪由: 根据, 局限。

⑫付嘱: 本指嘱托, 托付。禅宗多用来指托付法衣袈裟等物。也用来指师父向弟子传授佛法的深奥义理。

⑬指授: 指示传授。

⑭禅定: 心专注于某一对象而不散乱。禅, 梵语"禅那"的省称, 意译为静虑。定, 是梵语"三昧"的意译, 意思是心定止于一境而不散乱。解脱: 指由烦恼的束缚中解放出来, 而超脱于迷苦的境地。

⑮二法: 禅宗指有分别的法。

⑯不二之法: 又作"无二之法", 意为独一无二的法门, 指对一切现象应当无分别。

⑰高贵德王菩萨: 全称是"光明遍照高贵德王菩萨"。

⑱四重禁: 又作四重罪, 佛教指对僧人极其严重的四种禁制: 一、杀生; 二、偷盗; 三、邪淫; 四、妄语。

⑲五逆罪: 五种罪大恶极的重罪, 又分为小乘五逆和大乘五逆。小乘五逆 (单五逆) 是: 害母、害父、害阿罗汉、恶心出佛身血、破僧。大乘五逆 (复五逆) 是: 破坏塔寺、烧毁经像、夺取三宝之物、毁谤声闻、缘觉及大乘法, 妨碍僧人修行或杀害僧人, 犯小乘五逆罪之一, 行不善业、教唆他人行十恶。

⑳一阐提: 指不信佛法, 即断绝一切善根, 无法成佛者。

㉑蕴: 佛教所指的"五蕴"之说, 即类聚一切有为法的五种类别: 一、色蕴, 指一切色法的类聚; 二、受蕴, 指苦、乐、舍、眼触等所生的诸受; 三、想蕴, 指眼触等所生的诸想; 四、行蕴, 指除色、受、想、识以外的一切有为法; 五、识蕴, 指眼识等诸识的各种类聚。界: 这里指种

类，佛教所指的"十八界"之说，又作"十八持"。其中分为眼、耳、口、舌、身、意六根，还有与其相对应的色、声、香、味、触、法等六境，以及六根对六境所产生的眼、耳、口、舌、身、意六识，合为十八界。

㉒合掌：也作"合十（什）"，两掌合并，十指并拢，表示恭敬礼拜之意。

㉓某甲：这里指讲话者自己。讲经：公开宣讲佛教经典的义理。

㉔剃发：出家皈依佛门时，剃掉头发、髭须，从此成为僧、尼。这种做法为的是使僧、尼去除憍慢，又有别于外道。

㉕东山法门：这里指禅宗五祖弘忍禅师的法门。四祖道信、五祖都居于蕲州的黄梅山，此山又称东山。

㉖使君：此指韦刺史。道俗：信奉佛教的俗家弟子。

㉗累劫之缘：累叠重多的劫量所结下的缘分。

㉘过去生：佛教所指的过去世。

㉙先圣：指佛教历代祖师。

述意

此段首先记述惠能大师又被恶人追逐，在四会的猎人队中避难十五年，而且每见飞禽走兽落入猎网都尽数放生。

其次，记述惠能大师在广州法性寺见风吹幡动，他听僧人议论，而说出自己的见解："不是风动，不是幡动，仁者心动。"这句话深刻地表达出了禅宗对于佛理的认识。世界一切事物、现象原本都是虚空的，都是心造的。人的修行关键在于把握自心的本性，识见自我本心，不必追求禅定。

再次，记述惠能回答印宗提出的有关佛法的问题，阐明了佛性是不二之性，言简意赅，深得佛理之奥义。印宗于是为惠能剃发，惠能于此开东山法门。

     经 语 精 华

《释氏要览·师资》："《善见律》云：'有善男子欲求出家，未得衣钵，欲依寺中住者，名畔头波罗沙。今详若此方行者也。'"

《大乘义章》："禅定之心正取所缘，名曰思维，……所言定者，当体为名，心住一缘，离于散动，故名为定。"

《维摩诘经·佛国品》："佛以一音演说法，众生随类，各得解脱。"

《翻译名义集》："解脱，纵任无碍，尘累不能拘。"

◎俗 语◎
人人有善根，全凭修自心。

◎成 语◎
不二法门

般若品第二

　　"般若"在此是梵语"摩诃般若波多密多"的省称，全句意谓乘大智慧可由世间苦海渡到涅槃彼岸。惠能以《般若经》为宗，故此品专门阐述般若智慧。其核心是人心之中自有佛法、佛性，要在自心中顿悟佛法。众生一念开悟即是佛，如果不开悟，佛也是众生。

次日，韦使君请益①。师升座，告大众曰："总净心念'摩诃般若波罗密多②'。"复云：

"善知识！菩提般若之智，世人本自有之，只缘心迷，不能自悟，须假大善知识③，示导见性。当知愚人智人，佛性本无差别，只缘迷悟不同，所以有愚有智。吾今为说'摩诃般若波罗密法'，使汝等各得智慧，志心谛听，吾为汝说。"

"善知识！世人终日口念'般若'，不识自性'般若'，犹如说食不饱。口但说空，万劫不得见性④，终无有益。"

"善知识！'摩诃般若波罗密'是梵语⑤，此言大智慧到彼岸。此须心行⑥，不在口念。口念心不行，如幻、如化、如露、如电⑦。口念心行，则心口相应。本性是佛，离性无别佛。何名'摩诃'？'摩诃'是大，心量广大，犹如虚空⑧，无有边畔⑨，亦无方圆大小，亦非青黄赤白，亦无上下长短，亦无嗔无喜⑩，无是无非，无善无恶，无有头尾。诸佛刹土⑪，尽同虚空。世人妙性本空，无有一法可得。自性真空⑫，亦复如是。"

"善知识！莫闻吾说空，便即著空⑬。第一莫著空，若空心静坐，即著无记空⑭。"

"善知识！世界虚空，能含万物色像⑮。日月星宿，山河大地，泉源溪涧，草木丛林，恶人善人，恶法善法，天堂地狱，一切大海，须弥诸山⑯，总在空中。世人性空，亦复如是。"

"善知识！自性能含万法是大，万法在诸人性中。若见一切人恶之与善，尽皆不取不舍，亦不染著⑰，心如虚空，名之为大，故曰'摩诃'。"

◎辽 鎏金铜佛坐像◎

译文

　　第二天，韦刺史请惠能大师进一步讲说佛法。惠能大师登上讲坛落座，告诉大家说："众位都要使自心清净，念诵'摩诃般若波罗密多'。"他又说：

　　"善知识！菩提般若的智慧，世上的人本来每人自己都有，只是因为心中迷蒙，不能自我觉悟，必须借助于极有智慧的大善知识开示引导，才能见到自我的本性。大家应当知道愚昧的人和有智慧的人，他们的佛性原本是没有差别的，只是因为迷蒙和觉悟的状态不同，所以才有了愚昧和智慧的区别。我现在为各位讲说'摩诃般若波罗密法'，让你们这些人各自都得到智慧，你们专心致志地仔细倾听，我给你们讲说。"

　　"善知识！世间的人们整日口中念诵'般若'，却没有认识到自己本性中本就存在着'般若'，这就如同说食物不能让人吃饱肚子。想要获得智慧，如果只是口头上空说，那么即使经历万劫，也不能见到佛性，在学佛法方面终究是没有益处的。"

　　"善知识！'摩诃般若波罗密'是梵语（古印度语），这句话的意思是说大智慧到达彼岸。对这句话必须心中真正认识到，而不是只在口头上念诵。只在口头上念诵而心中没有真正认识到，这就如同梦幻，如同化解，如同露水，如同闪电，瞬息消逝化为乌有。口头上念诵，同时心中又真正认识到，那么心与口才能相互应合。人们的本性就是佛，离开了自身的本性没有另外的成佛途径。什么叫做'摩诃'？'摩诃'的意思就是大，人心就无限广大，就好像虚空一样，没有边际，也没有方形或圆形，没有大小，也不是青黄红白的颜色，也没有

◎十六罗汉图之一◎
佛像人物神态平和，面部晕染有致，衣纹流畅，背景简率，树石随意勾染而含墨韵，以增脱俗之感。

〇四一

上下长短，也没有嗔怒没有喜悦，没有正确没有不正确，没有善没有恶，没有开端没有尽头。佛性的境界，全都等同于虚空。世间上的人的本性原本是空的，不舍弃一切法，包含万法。自我的本性属于真空，即是超出一切色相意识的真实境界，也就是如同这个道理。"

"善知识! 不要听我讲说空，就立即执著于对空的追求。第一要点是不要执著于空，如果只是心中空空地无所思考，安静地坐在那里，就会执著于无记空——即是没有善恶分别的空。"

"善知识! 世界虚空，但能包含万物万事、一切现象。日月星辰，山河大地，泉源溪涧，草木丛林，恶人善人，恶法善法，天堂地狱，一切大海，须弥山及其周围的众山，全都包含在虚空之中。世人的本性虚空，也像这样。"

"善知识! 各自的本性能包含万法，这就是大，万法存在于众人各自的本性之中。如果见到一切人的善与恶，全都有不取不舍之心，也不被沾染，不生执著，心如同是虚空的，把这种状态称之为大，所以叫做'摩诃'。"

注释

①请益: 佛教中指弟子听了高僧的讲经之后又有新的请教, 即再次请大师教诲。

②总: 都。摩诃般若波罗密多: 梵语, 意译为大智慧度, 意思是乘此大智慧就能由人生苦海过渡到涅槃彼岸。

③假: 凭借, 借助。

④万劫: 佛教指经历世界的形成与毁坏一万次。劫, 天竺国表示时间的最大单位, 世界成坏一次为一劫。

⑤梵语: 天竺国(古印度)的标准语。天竺人认为自己所运用的语言, 是禀承大梵天王所说而来, 故称。

⑥心行: 在内心执著把握。

⑦幻: 梦幻, 虚幻。化: 化解, 无有。

⑧虚空: 佛教指广大无际, 比喻为无变化、无障碍、无分别, 可以容受一切。

⑨畔: 田地的界限, 引申为边际。

⑩嗔: 生气, 愤怒。

⑪刹土: 国土。刹是梵语"刹多罗"的省称, 意为田土。这里指境界。

⑫真空: 佛教指超出一切色相意识的真实境界。菩萨因修般若慧观, 照了幻色, 即是真空。

⑬著(zhuó): 执著。

⑭无记空: 对于善或不善都不可记别的空。

⑮色像: 泛指世界上的一切现象。

⑯须弥诸山: 佛教指须弥山及其周围的八座山。须弥是梵语, 意译为"妙高"。须弥山由金、银、琉璃、水晶四宝构成, 故称为"妙", 它是众山最高的, 故称为"高"。它周围的八座山分别名为: 持双、持轴、檐木、善见、马耳、象鼻、持边、铁围。

⑰染著: 沾染执著。

述意

　　此段记述惠能大师在广州法性寺为僧俗大众讲说佛法, 主要解释梵语"摩诃般若波罗密多"一词所蕴含的深奥玄妙之义。其核心是世界的万事万物万象都是虚空的, 世人的本性自心也是虚空的, 同时世人的本心又能包含世界的万事万物万象, 世界的一切都在人的自我本心之中。但惠能大师同时又告诫众人, 不能执著于空, 修行时不能空心静坐。又告诫众人, 要净心念诵"摩诃般若波罗密多", 但又不能只是口念而心不修行, 而要口念心行, 心口相应, 因为人的自我本性就是佛。

国学一本通

 经 语 精 华

《大智度论》："此六波罗密，能令人渡悭贪等烦恼染着大海，到于彼岸，以是故名波罗密。"

《北齐书·樊逊传》："法王自在，变化无穷，置世界于微尘，纳须弥于黍米。"

唐·慧琳《一切经音义·苏迷罗山》："梵语宝山名。或云须弥山，或云弥楼山，皆是梵言声转不正也。……《大论》云：四宝所成曰妙，出过众山曰高。或名妙光山，以四色宝光明各异照世，故名妙光山也。"

◎ 成 语 ◎
口念心行 心量广大
◎ 谚 语 ◎
佛在心中，万念俱空。

"善知识！迷人口说①智者心行②。又有迷人，空心静坐，百无所思，自称为大。此一辈人，不可与语，为邪见故③。"

"善知识！心量广大，遍周法界④。用即了了分明⑤，应用便知一切。一切即一，一即一切，去来自由，心体无滞，即是般若。"

"善知识！一切般若智，皆从自性而生，不从外入，莫错用意，名为真性自用。一真一切真。心量大事⑥，不行小道⑦。口莫终日说'空'，心中不修此行。恰似凡人自称国王，终不可得，非吾弟子。"

"善知识！何名般若？般若者，唐言智慧也⑧。一切处所，一切时中，念念不愚，常行智慧，即是般若行。一念愚即般若绝，一念智即般若生。世人愚迷，不见般若。口说般若，心中常愚。常自言我修般若，念念说空，不识真空。般若无形相，智慧心即是。若作如是解，即名般若智。"

"何名波罗蜜？此是西国语⑨，唐言到彼岸，解义离生灭。著境生灭起⑩，如水有波浪，即名为此岸；离境无生灭，如水常通流，即名为彼岸，故号波罗蜜。"

"善知识！迷人口念，当念之时，有妄有非⑪。念念若行，是名真性⑫。悟此法者，是般若法，修此行者，是般若行。不修即凡，一念修行，自身等佛⑬。"

"善知识！凡夫即佛⑭，烦恼即菩提⑮。前念迷即凡夫，后念悟即佛。前念著境即烦恼，后念离境即菩提。"

"善知识！摩诃般若波罗蜜，最尊最上最第一，无住无往亦无来⑯，三世诸佛从中出⑰。当用大智慧，打破五蕴烦恼尘劳⑱，如此修行，定成佛道，变三毒为戒定慧⑲。"

"善知识！我此法门⑳，从一般若生八万四千智慧。何以故？为世人有八万四千尘劳。若无尘劳，智慧常现，不离自性。悟此法者，即是无念㉑。无忆无著，不起诳妄㉒，用自真如性㉓，以智慧观照，于一切法，不取不舍，即是见性成佛道。"

"善知识！若欲入甚深法界及般若三昧者㉔，须修般若行，持诵《金刚般若经》，即得见性。"

译文

"善知识! 迷惑未悟的人整天口头空说，开悟了智慧的人用心体认。又有一种迷惑未悟的心，心中无所思考，只是静静地坐着，一切都不去思考，自己把这种做法称为大。这一批人，不能与他们谈论佛法，因为他们执持不合正法的邪见。"

"善知识! 人们的本心原本就广阔博大，能容藏世界上的万事万物。它的功用能使一切清清楚楚地明了，运用它就能认知一切，一切都在自己的本心，自己的本心便容藏一切，来来去去全凭自心做主，身心都没有滞碍，这就是般若的智慧。"

"善知识! 一切般若的智慧，都从自己的本性中生发出来，不从外界加入进去，不要错误地运用自己的心意，这才能称为真正的本性由自我体用。本心真实，那么所观一切万法也都是真实的。心中对外界生出的种种度量，转迷开悟的众多大事，不能依靠运用那些空心静坐的小道来求得。口头上不要整天说着万事皆'空'，而心中却不修行此法。这就好像普通百姓称自己是国王，可是这种人终究不可能成为国王，这种人就不是我的弟子。"

"善知识! 什么叫做般若? 般若的意思，在汉语中就是智慧。在一切处所中，在一切时间中，心中所念都不愚昧痴迷，而常常运用智慧观照，这就是对般若的修行。如果有一个念头产生痴愚，那么就立刻灭绝了般若智慧；如果有一个念头开悟智慧，那么就立刻产生出般若智慧。世间的人愚昧痴迷不开悟，就不能体认到般若智慧。虽然口头上谈论着般若，心中却常

◎明 金髹木雕阿弥陀佛坐像◎

常愚迷不悟。虽然常常自己说自己正在修行般若，念念不忘地在说'空'，却不能理解真空。般若智慧没有形状态相，智慧之心就是般若。如果作这样的认识和理解，就是般若知慧。"

"什么叫做波罗密，这是西方国家天竺的语言，汉语的意思是到彼岸，解释它的含义就是脱离了生死。执著于外境的万物万事

万象，生灭的心念就会产生，这就像水会生起波浪，这种情形就称为此岸；不执著于外境的万物万事万相，就没有生灭，这就像水经常通畅流淌没有障碍一样，这种情形就称为彼岸，所以叫做波罗密。"

"善知识！愚昧痴迷不开悟的人只是口中念诵，但是在念诵的时候，却产生了妄想，产生了是非之心，如果时时刻刻能在心中体认，就称作不妄不变的真实本性，这是人们本来就具有的心性。领悟到这个法，就是般若法，修行这个法的，就是般若行。不修行就是凡夫俗子，一旦修行此法，自身就同佛一样了。"

"善知识！凡夫俗子本来就是佛，烦恼原本就是菩提，这两者之间本来没有差别。前一念愚昧痴迷，就是凡夫俗子；后一念开悟了，当即就成为佛。前一念执著于外境的万事万物，这就是烦恼；后一念超离外境的万事万物，当即就是菩提。"

"善知识！摩诃般若波罗密，最尊贵，最至上，最第一，不执著于一定的实体，无往也无来。过去世、现在世、未来世三世诸佛就是从这里产生出来的。应该运用这个大智慧，打消破除人们身心疲惫的烦恼，照这样来修行，就一定能成就佛道，把贪、嗔、痴三毒转化为戒、定、慧三学。"

"善知识！我的这个法门，能从这一个般若智慧生成八万四千智慧。为什么是这个原因呢？这是因为世间的人有八万四千烦恼。如果没有烦恼，智慧经常显现，就不离开自我的本性。领悟到了这个法门，就是无妄念，也就是获得了正念。不迷恋，不执著，不生起欺骗狂妄之心，运用自己本来就具有的真如佛性，用智慧观察审视，对于万物万相，不获取不舍弃，就是见到自我的本性，成就了佛道。"

"善知识！如果想要十分深入法界与般若三昧，必须修行般若的修法，修持念诵《金刚般若波罗密经》，就体见自心所具有的本性。"

◎观音图(部分)◎
此图天地开阔，中以浅色工笔画白衣大士端坐岩石之上，双目下垂作沉思状，身旁净瓶插花青新竹数枝。

注释

①迷人：指迷惑未悟之人。

②智者：指开悟了智慧的人。

③邪见：不合正法之见。

④法界：佛教所称的十八界之一，又称法性、实相。法，指诸法；界，指分界。诸法各有自体，但分界不同，所以称为法界。实指世界上的万事、万物。

⑤了了：明白，懂得。

⑥心量：心中对外界生出的种种度量。大事：指转迷开悟的大事。

⑦小道：小的修行法，指空心静坐之类。

⑧唐言：唐代通行的语言，即汉语。

⑨西国：指古天竺国，即今之印度。其语言古称梵语。

⑩境：指一切认知的客观对象。灭：指生灭的心念。

⑪妄：荒诞不合理。非：是非之心。

⑫真性：指不妄不变的真实本性，是人本来具有的心性。

⑬等：相同，同样。

⑭凡夫：指凡庸的人。佛教称在修行中未悟四谛之理的人。

⑮烦恼：佛教称使有情的身心遭到扰乱。贪、痴、嗔是一切烦恼的根源。

⑯无住：也称"不住"，指无固定的实体，也指心不执著于一定对象。住，指住着之所。

⑰三世诸佛：指出现于三世的一切佛，也称三世佛、一切诸佛、十方佛。三世，指过去世、现在世、未来世。释迦牟尼佛称为现在佛，他以前的和以后的一切佛分别称为过去佛和未来佛。

⑱五蕴：指耳、目、鼻、舌、身所感知的一切。尘劳：与"烦恼"同义。贪、嗔等烦恼如同尘垢能污染心灵而使人身心劳苦疲惫，故称。

⑲三毒：指三种烦恼，即贪、嗔、痴。贪指贪恋五欲，会引发无餍之心；嗔指怨怒无忍，会引发忿恨之心；痴指愚痴无明，会引发迷暗之心。

⑳法门：即是佛法、教法。佛教认为：法是世间一切行为的准则，门是众圣遵依佛法而入道的通处、门径。

㉑无念：即无妄念，也称为"正念"，指没有世俗的忆想。

㉒诳妄：欺骗狂妄。

㉓真如：真实而永远不变其性，指宇宙中真实的本体，是一切万有的根源。

㉔般若三昧：智慧的正定功夫。三昧，梵语音译，又作"三摩提"、"三摩帝"，意为"定"、"正定"，即排除一切杂念，使心神平静。

述意

　　在此段中，惠能大师继续讲说佛法。首先阐述"般若"的深奥含义。他强调指出，一切般若智慧都是从自我的本性之中产生的，而不是从外境输入的，因而人人都要修行自心，而不可凭借外力，依赖他人。般若无形无相，须从自心求之，智慧之心即是般若。

　　其次，阐述"波罗密"的深奥含义。众人修行达到的最高境界，就是到达佛国的极乐世界，而要做到这一点就要超离生灭，因为佛法不生不灭。

　　最后，惠能大师开示众生，依照"摩诃般若波罗密多"去修行，就能成就佛道，因为般若智慧在自我心中，不离自性。只要一心修行，自身就成为佛。

　　《成唯识论》："此四常（我痴、我见、我慢、我爱）起，扰浊内心，令外转识，恒成杂染。有情由此生死轮回，不能出离，故名烦恼。"

　　宋·释道原《景德传灯录》："但无一切希求，烦恼自然消落。"

　　唐·玄奘译《般若波罗密多心经》："照见五蕴皆空，度一切苦厄。"

　　《大智度论》："我所心生故，有利益我者生贪欲，违逆我者生嗔恚。此结使不从智生，从狂惑生故，是名为痴。三毒为一切烦恼之根本，悉由我故。"

◎ 俗 语 ◎
天下本无事，庸人自扰之。

◎ 成 语 ◎
见性成佛　自身等佛

"当知此经功德①，无量无边。经中分明赞叹，莫能具说。此法门是最上乘，为大智人说，为上根人说②。小根小智人闻，心生不信。何以故？譬如大龙下雨于阎浮提③，城邑聚落④悉皆漂流，如漂枣叶。若雨大海，不增不减。若大乘人⑤，若最上乘人，闻说《金刚经》，心开悟解。故知本性自有般若之智，自用智慧，常观照故，不假文字⑥。譬如雨水，不从天有，元是龙能兴致，令一切众生、一切草木、有情无情，悉皆蒙润。百川众流，却入大海，合为一体。众生本性般若之智，亦复如是。"

"善知识！小根之人，闻此顿教⑦，犹如草本根性小者，若被大雨⑧，悉皆自倒，不能增长。小根之人，亦复如是。元有般若之智，与大智人更无差别，因何闻法不自开悟？缘邪见障重⑨，烦恼根深，犹如大云覆盖于日，不得风吹，日光不现。般若之智亦无大小，为一切众生自心迷悟不同。迷心外见，修行觅佛，未悟自性，即是小根。若开悟顿教，不能外修，但于自心常起正见，烦恼尘劳，常不能染，即是见性。"

"善知识！内外不住，去来自由，能除执心，通达无碍。能修此行，与《般若经》本无差别⑩。"

"善知识！一切修多罗⑪及诸文字，大小二乘⑫，十二部经⑬，皆因人置，因智慧性，方能建立。若无世人，一切万法本自不有。故知万法本自人兴，一切经书，因人说有。缘其人中有愚有智⑭，愚为小人，智为大人。愚者问于智人，智者与愚人说法，愚人忽然悟解心开，即与智人无别。"

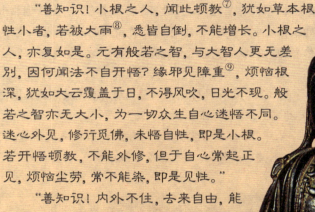

◎辽 铜观音坐像◎

译文

　　"应当知道这部佛经的功德，无量无边。经中已明明白白地赞叹其内容，我不再详细地解说。这个法门属于最上乘，是对大智慧的人说的，是对上等根器的人说的。小根器、小智慧的人听了，心中却生出不相信来。为什么会产生这种缘故呢？譬如大龙给我们居住的世界降下大雨，城镇村庄，全都被雨水冲毁淹没，房屋和器物如同枣树叶一样随水漂流。如果暴雨落在大海里，那么海水不增加也不减少。如果是大乘根器的人，如果是上乘根器的人，听到讲说《金刚经》，心中就会开悟理解。因为我们知道人们自己的本性中原本就含有般若的智慧，自己运用智慧，经常观察审视世界，遍照明了一切，完全不借助于文字。譬如雨水，不是天上本来就有而落下到世界上的，而是龙原本有能兴云致雨的本领，才使雨降落到世界上，从而使一切众生、一切草木、有情的和无情的，全都承受到润泽。所有的河川水流，全都归入大海，合成为一个整体。众生各自本性中所具有的般若智慧，也就像这样。"

　　"善知识！小根器的人，听说了这种顿悟教法，就如同根柢浅薄的草木，如果遭受了大雨的袭击，全都会自己倒伏了，不能再增高长大了。小根器的人，也完全像这些根浅的草木。小根器的人原本具有般若智慧，与大根器、大智慧的人，完全没有根本性的差别，为什么听到了佛法自己不能开悟呢？这是因为偏斜错误的见解具有深重的障碍，烦恼深深地扎根于心中，就如同浓厚的乌云遮蔽了太阳，又不能被风给吹散，阳光不能现出来。般若智慧也没有大和小的区别，只是因为一切众生自己心中的迷障和开悟的程度不同罢了。愚昧痴迷的人只是见到心外，向心外求法，在修行中寻觅佛法，还没有领悟到自心的本性，这就是小根器的人。如果领悟到顿教教法，即顿悟法门，用不着在心外修行，只是在自我本心经常地生出正确的见地，一切烦恼尘

◎观音图◎

此图绘白衣观音一尊，端坐于崖石间。菩萨面容端庄虔诚，衣纹墨线粗劲流畅，与头部的细致描绘形成鲜明对比。

劳，都不能侵袭浸染，这就是见识到自我本性。"

"善知识！内境和外境都不能执著凝滞，要来来去去都自由，能够去除执著之心，通畅远达没有障碍。能够照此修行，就与《般若经》所阐述的修行之法没有差别了。"

"善知识！一切经典和诸文字，大乘和小乘这两种经典，十二部经，都是为人们设置的，因为人本身具有智慧的本性，所以佛法才能够建立。如果没有世间之人存在，一切事物和现象本来也不会显现出来。因此可以知道一切事物和现象本来是由人而兴起的，一切经典，因为人们的讲说才存在。因为在人们之中有愚昧痴迷的、有智慧的，愚昧痴迷属小根器的人，智慧属于大根器的人。愚昧痴迷的人向智慧的人询问佛法，智慧的人对愚昧痴迷的人讲说佛法，愚昧痴迷的人忽然自心通解开悟，于是他们的境界也就同智慧的人没有差别了。"

注释

①功德：佛教指功能福德，即是行善所获得的善报。

②上根：上等根器。指人原本具有的上等的宿根，即可以修行成佛的素质。下句所说的"小根"则与上根相比要相差很多。

③阎浮提：梵语，本指天竺（古印度）之地，后指人间世界。阎浮，一种树名。提，意译为"洲"。

④邑（yì）：人们聚居之地，泛指城镇。聚落：村落，村庄。

⑤大乘：高等根器。

⑥假：借，凭借。

⑦顿教：顿悟教法。顿悟是禅宗修行的根本方法。

⑧被：遭受。

⑨障：障碍、遮蔽。指阻障涅槃、菩提。

⑩《般若经》：全称是《般若波罗密多经》，是解说波罗密之佛理的经典总名，共有几十部。

⑪修多罗：梵语，意指佛教经典。

⑫大小二乘：分指大乘和小乘。大乘是大人之乘，是菩萨的法门，宗旨是救世利他。小乘是小人之乘，是声闻缘觉的法门，宗旨是修身自利。

⑬十二部经：原本是佛陀所说的法，是佛经中根据叙述的内容和形式，在体例上划分的十二种类别。中国佛教把十二部经用来泛指一切经典。

⑭缘：因为。

述意

在此段中，惠能大师继续讲说佛法，其核心是阐发顿教的精髓。顿教是禅宗主张顿悟佛果的一派，此派认为人心本有佛性，可顿然破除妄念，悟得佛果。众生本性之中自有般若智慧，不必到外境去寻觅修行，要自我见性。众生的自心要永远生起正见，一切烦恼尘劳才不能浸染原本清净的心灵。如果自心愚迷，向心外寻求佛性，那是还没有悟得自我的本性，还没有破除执著于外物之心。只有心内心外都不执著，才能达到来去自由的境界。此段阐述佛理，惠能多用譬喻，通俗易懂，恰切允当，深入浅出，把玄妙的佛法解说得清楚明白。

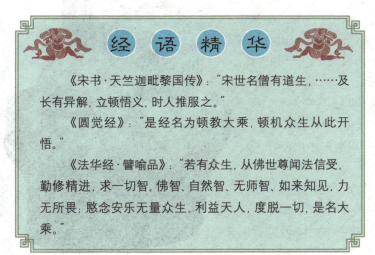

经 语 精 华

《宋书·天竺迦毗黎国传》："宋世名僧有道生，……及长有异解，立顿悟义，时人推服之。"

《圆觉经》："是经名为顿教大乘，顿机众生从此开悟。"

《法华经·譬喻品》："若有众生，从佛世尊闻法信受，勤修精进，求一切智、佛智、自然智、无师智、如来知见，力无所畏；愍念安乐无量众生，利益天人，度脱一切，是名大乘。"

◎ 俗 语 ◎
超越天地之外，不入名利之中。

◎ 成 语 ◎
功德无量　通达无碍

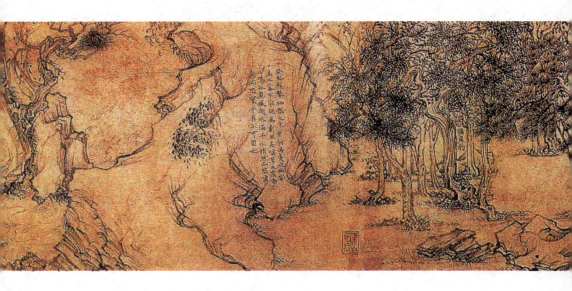

"善知识！不悟即佛是众生；一念悟时①，众生是佛。故知万法尽在自心，何不从自心中，顿见真如本性②？《菩萨戒经》③云：'我本元自性清净，若识自心见性，皆成佛道。'《净名经》云④：'即时豁然⑤，还得本心。'"

"善知识！我于忍和尚处，一闻言下便悟，顿见真如本性。是以将此教法流行，令学道者顿悟菩提，各自观心，自见本性。若自不悟，须觅大善知识，解最上乘法者⑥，直示正路⑦。是善知识有大因缘⑧，所谓化导令得见性⑨。一切善法⑩，因善知识能发起故。三世诸佛，十二部经，在人性中本自具有，不能自悟，须求善知识，指示方见。若自悟者，不假外求。若一向执谓须他善知识方得解脱者⑪，无有是处⑫。何以故？自心内有知识自悟。若起邪迷，妄念颠倒⑬，外善知识虽有教授，救不可得。若起正真般若观照，一刹那间⑭，妄念俱灭。若识自性，一悟即至佛地⑮。"

"善知识！智慧观照，内外明彻，识自本心。若识本心，即本解脱。若得解脱，即是般若三昧，即是无念。何名无念？若见一切法，心不染著，是为无念。用即遍一切处⑯，亦不著一切处。但净本心，使六识出六门⑰，于六尘中无染无杂⑱，来去自由，通用无滞，即是般若三昧，自在解脱，名无念行。若百物不思，当令念绝，即是法缚⑲，即名边见⑳。"

"善知识！悟无念法者，万法尽通；悟无念法者，见诸佛境界；悟无念法者，至佛地位。"

◎送子观音◎

译文

　　"善知识！未曾开悟之时，佛也是众生；一旦心中开悟之时，众生也都是佛。所以由此得知：万事万物全都存在于自己的本心之中，为什么不从自己的本心之中，识见顿悟真如之本性呢？《菩萨戒经》中说道：'人人自我的本性原本就是清净的，如果识见自我的本心，识见自我的本性，就都能成就佛道。'《净名经》中说道：'当时豁然顿悟，就能够识见到自我的本心。"

　　"善知识！我在弘忍和尚那里，一听到讲述佛法之言，就立即开悟，顿悟识见了真如本性。因此我把这种顿悟教法流布推行，让学佛法的人都顿悟识见菩提——佛法的无尚智慧。每人都各自观照本心，各自识见本性。如果自己不能顿悟，须要寻找智慧博大的善知识，能够理解最上乘佛法的人，请他们直接指示正确的顿悟的路径。这些智慧博大的善知识，他们与佛法都有极大极深的因缘，这就是佛学经常所说的经由大善知识的点化与引导，让人们能够识见到自我的本性。佛家一切正确的道理，都是通过善知识们发起传布而使众生得知。三世诸佛——过去佛、现在佛、未来佛，十二部经，在人们的本性中原本自身就具备，如果不能自我顿悟，须要向善知识们请求帮助，由他们指导开示才能识见自心的本性。如果是能够自我顿悟的人，就不必借助外力来求得。如果向来总是执著于借助于外力，说是须要凭借其他的善知识的帮助才能获得解脱的做法，这是完全不正确的。为什么是这个缘故？这是因为众生自己的心中原本就有识见一切的智慧，能够自我开悟。如果自己的心中生起邪见和痴迷，被虚妄的邪念所颠倒，外在的善知识虽然有所教化传授，但是也救助不了你。如果生起纯正真实的般若智慧，来加以观察明照，在一刹那之间，虚妄的心念就全都泯灭。如果识见自心的本性，一下顿悟就达到了佛的境界。"

　　"善知识！运用般若智慧观察明照，内心外界都通明透彻，就能识见自我的本心。如果识见自我的本心，就是从根本上解脱。如果得到了解脱，就是般若三昧，就是无念。什么叫做无念？如果识见世间的万事万物万相，自心不被污染，也不对它们执著，这就是无念。运用它们时能遍及一切处所，也不执著于一切处所。只要使自己的本心清净，让六识——眼识、耳识、鼻识、舌识、身识、意识，从六门——眼、鼻、耳、舌、身、意中出去，在六尘——色、声、气、味、触、法中没有被污染、没有被搅扰，来来去去都自由，运用通达没有滞碍，就是般若三昧，自在地得到解脱，这就叫做无念修行。如果对世间万事万物万相都不去思考，让一切心念灭绝，这就又是被法所束缚了，把这叫做歪于一边的偏见，见识有所片面。"

　　"善知识！领悟了无念法门的人，对一切佛法就都通达了；领悟了无念法门的人，就识见了诸佛的境界；领悟了无念法门的人，就到达了佛的地位。"

注释

①一：一旦。念：念头，心思。

②顿见：立刻顿悟识见。

③《菩萨戒经》：即姚秦罗什所译的《梵网经·菩萨心地戒品第十》。这部经书以讲述大乘佛教的十种重戒和四十八种轻戒为主要内容。

④《净名经》：即《维摩诘经》。唐代僧人玄奘首译其名为《无垢称经》，后来僧众称其为《净名经》。

⑤豁然：开通，指顿时开悟。

⑥最上乘法：指禅宗教义。

⑦正路：正确的顿悟之路径。

⑧因缘：佛教把"因"和"缘"合称为因缘。因，指能够产生结果的直接内在之原因。缘，指由外界辅助的间接原因。

⑨化导：教化开导。

⑩善法：指合乎善的所有道理，与"恶法"相对而言。善法包括五戒、十善、三学、六度。

⑪一向：向来，总是。执：执著。

⑫是：正确，与"非"（错误）相对。

⑬妄念：虚妄的心念。

⑭刹那：梵语的音译。意为一念之间，指极短的时间。《仁王般若波罗密多经》说一念中有九十刹那。

⑮佛地：佛教所称十地的第十位，即达到成佛的地位。

⑯遍：遍及，普遍达到。处：处所，地方。

⑰六识：指眼、耳、鼻、舌、身、意六种认识作用，它们通过见、闻、嗅、味、触、知等方法，而产生色、声、气味、口味、触感、法（概念）六境。六门：指眼、耳、鼻、舌、身、意六根，也叫六门。六门产生六识。

⑱六尘：指色、声、气、味、触、法等尘，即六境。因为六境能像灰尘一样污染六根，故称其为"尘"。六尘在心之外，故又称为"外尘"。六尘又如同强盗一样，能劫夺一切善法，所以又称为"六贼"。

⑲法缚：被法束缚。

⑳边见：指偏于一边、不合中道的见解。属"五见"之一。

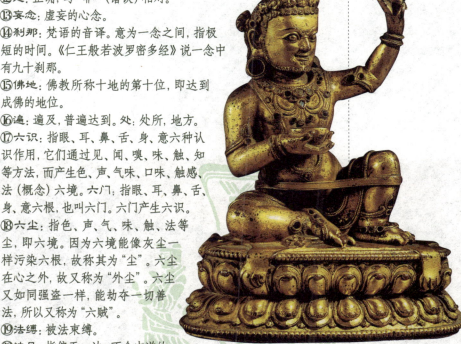

◎明 鎏金铜费卢波像◎

述意

　　这一段紧承上文，仍是惠能大师在广州法性寺讲说佛法。此段的中心是进一步阐明顿悟教法。惠能先引用《菩萨戒经》和《净名经》这两部佛教经典中的语句，来说明顿教之法本有渊源。他又深入阐述说，在众生的自心本性之中，原本就有三世诸佛，以及在十二部佛经中所说的佛理，只是有的人还不能开悟，这须要其他有道的高僧予以指导开示，但又不能依赖于有道者的教导传授，而要全凭自心觉悟，因为众生自心内有知识自悟。所以关键是识见自我本心，这就是自我解脱，是佛性中的般若三昧。禅宗主张外境、内心都是虚空的，但并非是修行时百物不思，让一切心念灭绝，如果这样修行，就是被法所束缚，也是一种偏见。

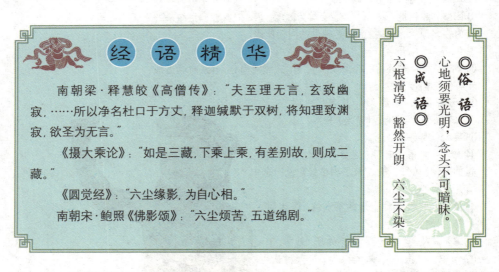

经 语 精 华

　　南朝梁·释慧皎《高僧传》："夫至理无言，玄致幽寂，……所以净名杜口于方丈，释迦缄默于双树，将知理致渊寂，欲圣为无言。"

　　《摄大乘论》："如是三藏，下乘上乘，有差别故，则成二藏。"

　　《圆觉经》："六尘缘影，为自心相。"

　　南朝宋·鲍照《佛影颂》："六尘烦苦，五道绵剧。"

◎俗 语◎
心地须要光明，念头不可暗昧。

◎成 语◎
六根清净　豁然开朗　六尘不染

"善知识！后代得吾法者，将此顿教法门，于同见同行①，发愿受持②，如事佛故，终身而不退者，定入圣位③。然须传授从上以来默传分付④，不得匿其正法⑤。若不同见同行，在别法中⑥，不得传付，损彼前人，究竟无益⑦。恐愚人不解，谤此法门，百劫千生⑧，断佛种性⑨。"

"善知识！吾有一无相颂⑩，各须诵取。在家出家，但依此修。若不自修，惟记吾言，亦无有益。听吾颂，曰：

　　说通及心通，如日处虚空⑪，
　　唯传见性法，出世破邪宗⑫。
　　法即无顿渐⑬，迷悟有迟疾⑭，
　　只此见性门，愚人不可悉。
　　说即虽万般，合理还归一，
　　烦恼暗宅中，常须生慧日。
　　邪来烦恼至，正来烦恼除，
　　邪正俱不用，清净至无余。
　　菩提本自性，起心即是妄，
　　净心在妄中，但正无三障⑮。
　　世人若修道，一切尽不妨，
　　常自见己过，与道即相当⑯。
　　色类自有道⑰，各不相妨恼，
　　离道别觅道⑱，终身不见道。
　　波波度一生，到头还自懊，
　　欲得见真道，行正即是道，
　　自若无道心，暗行不见道。
　　若真修道人，不见世间过，
　　若见他人非，自非却是左⑲，
　　他非我不非，我非自有过。
　　但自却非心，打除烦恼破，
　　憎爱不关心，长伸两脚卧。
　　欲拟化他人，自须有方便，
　　勿令彼有疑，即是自性现。
　　佛法在世间，不离世间觉⑳，
　　离世觅菩提，恰如求兔角。

正见名出世，邪见是世间，
邪正尽打却，菩提性宛然。
此颂是顿教，亦名大法船，
迷闻经累劫[21]，悟则刹那间。"

师复曰："今于大梵寺说此顿教，普愿法界众生言下见性成佛[22]。"

时韦使君与官僚、道俗闻师所说，无不省悟。一时作礼，皆叹："善哉！何期岭南有佛出世[23]！"

译文

　　"善知识！后代得到我所传授的法门之人，要把这顿教的法门，和跟他自己具有相同见地、能够共同修行的人，一同发下誓愿、领受护持，如同敬事诸佛的做法一样，终其一生不减退信仰，能够做到这一切的，一定能达到佛的圣位。然而必须传扬教授从佛祖以来奉行的以心传心的默传教法，不能隐匿这宗门的正法。如果不是具有相同见地，不能够共同修行的人，在信奉其他的外教之人中，不可以向他们传法，这会损害那些前代圣人，终究没有益处。我担心那些愚妄痴迷的人不能理解，会诋毁这个法门，这就会使这些人永生永世断绝了佛的种性，而不能成佛了。"

　　"善知识！我有一则无相颂，各位都要念诵记住。不论是在家修行还是出家为僧，只须按照这则颂语去修行。如果自己不按照此颂修行，只是记住我的话，也没有益处。请听我的颂语。颂语说：

由听法通达到心中明通，如同太阳高高悬在天空，
只有传布识见本性之法，教给世人破除邪教邪宗。
修行佛法不分顿悟渐悟，愚迷开悟有迟缓有迅疾，
只在这里识见本性法门，愚迷之人不能对此知悉。
解说佛法虽然有千万种，合乎佛理的却只能归一，
烦恼深藏在隐秘的心中，常常须要生出智慧之期。
邪说侵来烦恼也就到来，正理到来烦恼也就驱除，
邪说正理全都不予采用，清心净虑达到杂念全无。
菩提原本来于自我本性，生起狂心这里就是虚妄，
清净之心如果在虚妄中，只要端正身心就无三障。

世间之人如果修行佛道，万事万物万象都不碍妨，
经常自己见到自己过错，这与修行佛道完全一样。
世间众生各有自己之道，彼此不互相妨碍和烦恼，
离开佛道去另外寻找道，经其一生也不能识见道。
如同在波涛中度过一生，最后还使自己懊丧烦恼，
想要能够识见真正佛道，行得端正就是真正佛道。
眼睛中如果没有修道心，像黑暗中走路看不见道。
如果是真正修佛道之人，看不见世间之人的过错，
如果总是看着他人之错，自己的过错总成为过错。
别人来非难我不去非难，我若去非难本身就有错。
只要自己除掉是非之心，人世间的烦恼就被打破，
憎恶和喜爱都不留心中，两脚长长伸出安然躺卧。
想要准备前去教化他人，自己必须要有便捷方法，
不要让他人心中有疑虑，这就是自身本性要表现。
诸佛之法就在人世之间，它不离世间使众生觉悟，
离开人世间去寻求菩提，恰恰就像寻找有角之兔。
正确的识见叫做出尘世，偏邪的见解仍然是世间，
邪见和正见全都扫除尽，菩提的本性宛然在心间。
这篇颂语是顿悟的教法，也给它起个名叫大法船，
愚迷的听闻要经过累劫，而悟得正道只在刹那间。"

惠能大师又说道："今天在大梵寺所说的这个顿悟教法，完全希望普天之下的众生听到我的解说话语之后，能识见自心本性，成就佛道。"

这时，韦刺史和众官员以及出家的僧人、在家修行的俗众听了惠能大师所讲说的内容，没有人不明白觉悟的。他们同时向大师行礼致敬，全都感叹地说道："真好啊！哪里料想得到我们岭南这里有佛出世了。"

注释

①同见：共同的见解。同行：共同修行。

②发愿：发出誓愿。佛经中又称作"发愿心"、"发大愿"、"发志愿"、"发无上愿"等。受持：指接受的人以信力在心中领受，持有的人以念力永记不忘。

③圣位：指断尽迷惑、证得菩提的果位。

④默传：默传心印。默，不是缄默无一语，而是真正懂得理解。禅宗主张师父教诲弟子不用言语、文字直接明示，而是以心传心，让弟子自己悟得佛法的真谛，识见自心的本性，而修行成佛。分付：教给。

⑤匿：隐藏。正法：这里指禅宗的正法。

⑥别法：指佛教以外的法。

⑦究竟：最终。

⑧百劫千生：指永世，永远。劫，佛经上称天地的形成到毁灭谓之一劫。

⑨断佛种性：断绝了佛性的种子，意为永远不能成佛。

⑩无相：即"无形相"之意，指超离了一切相，与"有相"相对而言。无相也是"涅槃"的别称，这是因为涅槃超离了一切虚妄之相。

⑪虚空：天空。天空无垠，故称。

⑫邪宗：泛指非佛教的邪教。

⑬顿渐：指顿悟和渐悟。

⑭迟疾：指晚和早，慢和快。

⑮三障：又称"三重障"，即三种障碍：业障、烦恼障、异熟障（果报障），它们阻障修行的人到达圣道。

⑯相当：相合，相等。

⑰色类：具有各种物质形态的众生，一般指世间的一切人。

⑱别：另外。

⑲左：不正当，错误。

⑳觉：觉悟，开悟。

㉑累劫：一劫连接着一劫，指极长的时间。

㉒法界：佛教指整个宇宙现象界，即普天之下。

㉓期：料想，预料。

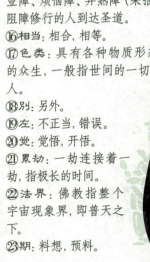

此段是惠能大师继续讲说佛法，中心是说明只要对顿教法门坚持修行下去，就能断尽迷惑，证得菩提的果位。在说法之后，惠能为听众留下了一首长达五十六句的偈语。此偈概括了顿教法门的宗旨、修行方法以及应做或不应做的事项。其关键是清净自心，修行自我本性。

经 语 精 华

唐·宗密《圆觉经略疏》："既顿渐俱收，则迟速皆益。"

唐·刘禹锡《袁州广禅师碑》："分二宗者，众生存顿渐之见；说三乘者，如来开方便之门。"

《南齐书·顾欢传》："孔老治世为本，释氏出世为宗。"

明·洪应明《菜根谭》："心体便是天体，一念之喜，景星庆云；一念之慈，和风甘露；一念之严，烈日秋霜。何者少得？只要随起随灭，廓然无碍，便与太虚同体。"

◎俗 语◎
真伪之道，只有一念。

◎成 语◎
一佛出世

○六三

疑问品第三

品　鉴

　　此品有的版本题为"决疑品"。众生对佛理有疑，自然要问，而惠能则答其所问，决其所疑。针对刺史韦璩请教的疑问，惠能指出：一、修行不能以追求功德为目的，不能怀有功利之心而去布施供养，功德要从自我本性中觅见。二、人人心中自有西方极乐净土，不必向身外去觅求，只要修行自我心性，就能成佛，就是往生西方极乐世界。

一日，韦刺史为师设大会斋①。斋讫，刺史请师升座，同官僚士庶肃容再拜②，问曰："弟子闻和尚说法，实不可思议。今有少疑，愿大慈悲，特为解说。"

师曰："有疑即问，吾当为说。"

韦公曰："和尚所说，可不是达摩大师宗旨乎？"

师曰："是。"

公曰："弟子闻达摩初化梁武帝③，帝问云：'朕一生造寺度僧，布施设斋④，有何功德？'达摩言：'实无功德。'弟子未达此理，愿和尚为说。"

师曰："实无功德，勿疑先圣之言。武帝心邪，不知正法。造寺度僧，布施设斋，名为求福，不可将福便为功德。功德在法身中⑤，不在修福。"

师又曰："见性是功，平等是德。念念无滞，常见本性，真实妙用，名为功德。内心谦下是功⑥，外行于礼是德。自性建立万法是功，心体离念是德。不离自性是功，应用无染是德。若觅功德法身，但依此作，是真功德。若修功德之人，心即不轻⑦，常行普敬。心常轻人，吾我不断⑧，即自无功。自性虚妄不实，即自无德。为吾我自大，常轻一切故。善知识！念念无间是功⑨，心行平直是德。自修性是功，自修身是德。善知识！功德须自性内见，不是布施供养之所求也，是以福德与功德别。武帝不识真理，非我祖师有过⑩。"

译文

有一天，韦刺史为惠能法师设置大法会并且安排了斋饭。吃完斋饭以后，韦刺史请惠能大师登上讲坛讲说佛法，他本人会同众官员以及士族庶族的广大信众，整肃仪容，两次参拜行礼，然后问道："弟子我听和尚讲说佛法，深奥微妙，实在是不可思议。现在我稍微有些疑问，希望大师大发慈悲，特地为我予以解说。"

惠能大师说道："有疑点就问，我应当为你解说。"

韦刺史问道："和尚所做的解说，该不是达摩大师学说的宗旨吗？"

惠能大师答道："是达摩大师的宗旨。"

韦刺史说道："弟子我听说过这样的事，达摩大师起初度化梁武帝时，梁武帝问道：'我一生之中修建佛寺，普度众僧，多方布施，广设斋饭，这些做法该有什么功德？'达摩大师回答道：'实际上没有什么功德。'弟子我未明白这里面蕴含的道理，希望和尚给我解说。"

惠能大师说道："确实是没有什么功德，不要怀疑前代圣人达摩大师说过的话。梁武帝心中生出邪念，并没有理解真正的佛法。梁武帝修建佛寺，普度众僧，多方布施，广设斋饭，这种做法叫做为自己求得福报，不能够把求得自己的福报看成是功德。功德存在于佛法的自身之中，而不存在于施行善举求得福报之中。"

惠能大师又说道："识见自我的本性就是功，对他人平等相待就是德。每时每刻都没有滞碍，时常识见自我的本性，真实存在，巧妙运用，这就叫做功德。自己的内心谦逊卑下就是功，外在行为合乎礼节就是德。自我本性合于万事万物万象就是功，心思身体超离俗念就是德。不脱离自我的本性就是功，运用自我的本性而不受浸染就是德。如果寻求功德所体现的佛法之义，只要遵照这些道理去做，就是真正的功德。如果是修行功德的人，心中就不会轻慢他人，永远遵行普遍的敬爱之举。心中经常轻慢他人，自我的执著不能割断，就自然无功。如果自我的本性虚妄不真实，就自然无德。这是因为总是以自我为大，时常轻视一切的缘故。善知识！时时刻刻没有间断就是功，心思做得公平正直就是德。自我修行本性就是功，自我修行本身的行为就是德。善知识！功德须要在自我的本性之内识见，而不是在广泛地布施、供养众僧所能求得到的，因此福德和功德就有了区别。梁武帝认识不到这个真理，并不是我们的达摩祖师有说错的地方。"

注释

①大会斋: 在安排大法会时为僧人准备了斋饭。法会是请僧人诵经并讲说经文。

②士庶: 士族与庶族。士族指世家大族, 庶族指平民百姓。这里指广大的善男信女。再拜: 拜了两拜。

③化: 度化, 僧人点化人使其离俗出家。梁武帝 (公元464——公元549年): 萧衍, 笃信佛教, 天监十八年 (公元519年) 师从钟山草堂寺慧约和尚受菩萨戒, 他礼敬的名僧有僧伽婆罗、僧迁、僧旻、法宠、法云、慧超、明彻等多人。他固持戒律, 曾四次舍身同泰寺。一生精研佛理, 亲自讲说《涅槃经》、《般若经》、《三慧经》等佛教经典, 还曾为多部佛经写过阐发义理的注解, 多达数百卷。在侯景叛乱之时饿死于台城。

④布施: 佛教所称的一种修行方法, 即是把财物、体力、智慧等广泛地施予他人, 以便积累功德, 求得解脱。

⑤法身: 具有佛法之身。

⑥谦下: 谦逊卑下。

⑦轻: 对他人轻慢。

⑧断: 指绝断泯灭心中的执著。

⑨无间 (jiàn): 没有间断。

⑩祖师: 指达摩祖师。

述意

  此段记述韦刺史在大法会的斋后, 向惠能大师提出心中的疑问, 惠能为其作答。问题和回答的核心围绕着"功德"展开。惠能从正反两个方面深刻地阐明了怎样做是"功", 怎样做是"德", 怎样做无"功", 怎样做无"德"。他告诫韦刺史, 功德在具有佛法之身中, 而不在为自己修福之中。能够识见自我本性就是功, 对他人平等相待就是德。功德要在自我本性中觅见, 而不是凭借布施供养能够求得到的。

◎藏佛坑◎
藏佛坑位于广东新兴县，距国恩寺3公里处，坑内有一道瀑布，数米以下是一个大深潭，潭边有一个岩洞，是六祖惠能圆寂之处。

经 语 精 华

《大乘义章·种庄严》："言功德者，功谓功能，善有资润福利之功，故名为功，此功是其善行家德，名为功德。"

《大乘义章》："言法身者，解有两义：一、显法本性以成其身，名为法身；二、以一切功德法而成身，故名为法身。"

宋·释道原《景德传灯录·忍大师》："唐武后闻之，召至都下，于内道场供养。"

明·洪应明《菜根谭》："竟逐听人，而不嫌尽醉；恬淡适己，而不夸独醒；此释氏所谓'不为法缠，不为空缠，身心两自在'者。"

明·吕坤《呻吟语》："君子置其身于光天化日之下，丑好在我，我无饰也；爱憎在人，我无与也。"

坛经

</>

刺史又问曰："弟子常见僧俗，念阿弥陀佛①，愿生西方②。请和尚说，得生波否？愿为破疑！"

师言："使君善听，惠能与说。世尊在舍卫城中③，说西方引化④，经文分明，去此不远。若论相说里数⑤，有十万八千，即身中十恶八邪⑥，便是说远。说远为其下根，说近为其上智。"

"人有两种，法无两般。迷悟有殊⑦，见有迟疾。迷人念佛求生于波，悟人自净其心。所以佛言：'随其心净即佛土净⑧。'"

"使君东方人，但心净即无罪。虽西方人，心不净亦有愆⑨。东方人造罪，念佛求生西方；西方人造罪，念佛求生何国？"

"凡愚不了自性⑩，不识身中净土，愿东愿西；悟人在处一般。所以佛言：'随所住处恒安乐。'使君心地但无不善，西方去此不遥。若怀不善之心，念佛往生难到⑪。今劝善知识，先除十恶，即行十万；后除八邪，乃过八千。念念见性，常行平直，到如弹指⑫，便睹弥陀⑬。"

"使君但行十善⑭，何须更愿往生？不断十恶之心，何佛即来迎请？若悟无生顿法⑮，见西方只在刹那。不悟念佛求生，路遥如何得达？惠能与诸人移西方于刹那间，目前便见⑯，各愿见否？"

众皆顶礼云⑰："若此处见，何须更愿往生？愿和尚慈悲，便现西方，普令得见。"

师言："大众！世人自色身是城⑱，眼、耳、鼻、舌是门。外有五门⑲，内有意门。心是地，性是王。王居心地上，性在王在⑳，性去王无。性在身心存，性去身心坏。佛向性中作，莫向身外求。"

"自性迷即是众生，自性觉即是佛。慈悲即是观音㉑，喜舍名为势至㉒。能净即释迦，平直即弥陀。"

"人我是须弥㉓，邪心是海水，烦恼是波浪，毒害是恶龙，虚妄是鬼神，尘劳是鱼鳖㉔，贪嗔是地狱㉕，愚痴是畜生。"

"善知识！常行十善，天堂便至㉖；除人我，须弥倒；去邪心，海水

竭；烦恼无，波浪灭；毒害除，鱼龙绝。自心地上觉性如来㉗，放大光明，外照六门清净，能破六欲诸天㉘。自性内照，三毒即除㉙，地狱等罪，一时销灭，内外明沏，不异西方。不作此修，如何到彼？"

大众闻说，了然见性。悉皆礼拜，俱叹："善哉！"唱言："普愿法界众生，闻者一时悟解。"

译文

韦刺史又问道："弟子我常常看见僧人和在家修行的俗众，口中念诵着阿弥陀佛的名号，希望往生西方极乐世界。请和尚解说一下，能够往生到那里不能？希望大师为我破除疑惑。"

惠能大师回答说："韦使君好好听着，惠能我给你解说。释迦牟尼世尊曾经在舍卫城中，说到过接引度化众生到西方极乐净土，对此在经文中讲说得十分清楚，西方极乐净土距离现实世界并非遥远。如果按客观实际情况来说两者之间的里数，就有十万八千里，如果从自我的本性上说，身心中有十恶、八邪的障碍，这就是西方极乐净土离人们十分遥远。说那里遥远是针对那些下等根器的人说的，说那里很近是针对那些具有上等智慧的人说的。"

"人有下根和上智这样两种区别，但是佛法却没有这样的两种区别。众生有愚笨痴迷和领会开悟的不同，因而有识见自我本性就有迟缓和迅疾的区别。"

"愚迷之人念诵佛号，祈求往生到那个西方极乐净土；开悟之人却自己使自己的本心清净。所以释迦牟尼佛祖说：'能使自我的心地清净，就是

◎罗汉图◎
图画罗汉一尊，祖胸赤足，盘腿席地而坐。旁边一童子焚香。

佛土清净。'"

"韦使君是东方人，只要自我本心清净，就没有罪业。即使是西方人，如果自我本心不清净，也是有罪业的。东方人造下罪业，念诵佛号祈求往生西方极乐净土，如果西方人造下罪业，念诵佛号祈求往生到何处去呢？"

"凡夫俗子愚迷，不能明了自我的本性，不能识见自己身中存在的净土，希望往生东方往生西方；开悟的人对于所在的地方都是一样。所以佛祖说：'任凭你所居住的地方，都是长久地平安快乐。'韦使君你的心中只要没有不善的念头，西方极乐净土离这里就不遥远。如果心中怀有不善的念头，即使你念诵佛号，想要往生极乐净土也难以到达。今天我奉劝各位善知识，先除去十恶，你们就是走过了十万里，然后再除去八邪，你们就又走过了八千里。时时刻刻识见自我的本性，常常做到公平正直，到达西方极乐净土，就如同一弹指之间，就能够见到阿弥陀佛。"

"韦使君只要做到十善即可，为什么一定要希望往生西方极乐净土呢？如果不能断绝十恶之心，又有什么佛会来迎请接引你往生西方极乐净土呢？如果悟得了无生无灭的顿教教法，见到西方极乐净土，也只在一刹那之间。如果不能悟得顿教教法，而只凭念诵佛号，以求往生西方极乐净土，而到那里，路程遥远，又怎么能够到达呢？惠能我在一刹那之间把西方极乐净土移到诸位面前，眼下就可见到，各位希望见到还是不希望呢？"

众人都向惠能大师顶礼膜拜，说道："如果在这里能见到，为什么还一定希望往生西方极乐净土呢？希望和尚大发慈悲，就让西方净土出现，让我们大家全都能见到。"

惠能大师说道："众位！世间的人自己的肉身是一座城，他们的眼、耳、鼻、舌等好像是城门。外面有五个门，里面有个意门。自己的心如同土地，自己的本性如同君王。君王居住在自心的土地上，自己的本性存在，君王就存在，自己的本性失去，君王也就不存在。自己的本性存在，身心也就存在；自己的本性失去，身心也就随之大坏。修

◎辽 青铜观音坐像◎

佛要从自己的本性中做起，不要向身外求取。"

"自我的本性愚昧痴迷，那就是众生，自我的本性开悟了，那就是佛。能够做到大慈大悲，这就是观世音菩萨，能够乐于施舍，就可以叫做大势至菩萨。能使自我的本性清净，就是释迦牟尼佛，能公平正直，就是阿弥陀佛。"

"产生了他人和自我双重执著之时，升起的障碍就好像须弥山一样高大，产生了邪见的心念之时，就好像大海一样没有涯际，生起烦恼之时，就好像波翻浪涌，有了恶毒害人之心的时候，就会像凶恶的毒龙，生起了虚妄的念头之时，就好像恶鬼一样残忍，在尘世之中辛劳奔波之时，就好像鱼鳖觅食一样，升起了贪欲嗔怒的念头之时，就是陷入了受罪的地狱，愚昧痴迷就堕入了畜生道。"

"善知识！时常做到十善，就是到了天堂；除去人我之间的执著，须弥山一般高的障碍就倒塌了；除去贪邪之心，欲念的大海就枯竭了；心中的烦恼没有了，就好像惊涛骇浪平息了；恶毒害人之心除去了，就好像凶龙鱼鳖绝根了。自我心地的本性上觉悟如来佛性，就会放大光明，向外照耀眼、耳、鼻、舌、身、意六门而获得清净，能够照破欲界的六重天。自我的本性向内照映，三毒贪、嗔、痴就能破除，堕入地狱等等的罪业，也立刻销尽灭净。心内身外全都通明透彻，就和西方极乐净土没有什么不同。不做这样的修行，怎么能到达西方极乐净土的彼岸？"

众人听了惠能大师的解说，就都清清楚楚地识见了自我本性。全都向惠能大师敬礼参拜，齐声赞叹："说得真好啊！"又诵唱道："祝愿普天之下的众生，听到这顿教教法，都能立刻开悟。"

注释

①阿弥陀佛：梵语音译，意译为"无量"。此佛是西方极乐世界的教主。他功德无量、光明无量，故称。

②生：指往生。西方："西方极乐净土"的简称，即阿弥陀佛的西方极乐世界。

③世尊：僧人对佛祖释迦牟尼的尊称。舍（shè）卫：北印度侨萨罗国的都城，梵语的全名是室罗筏悉底，也叫舍婆提。释迦牟尼在此居住25年。

④引化：接引度化。

⑤相：相状，指客观真实的存在。

⑥十恶：佛教指杀生、偷盗、邪淫、妄语、两舌（指破语，即说离间的话）、恶口（说恶毒的话，破骂）、绮语（说杂秽的话、无义的话）、贪欲、嗔恚（huì，恼怒，怨恨）、愚痴十种恶行。八邪：与八正道相反的八种邪行，即邪见、邪思维、邪语、邪业、邪命、邪方便、邪念、邪定。

⑦殊：不同。

⑧随其心净则佛土净：意谓使自我的心地清净就是佛国净土。此语出于《维摩诘经·佛国品》。

⑨愆（qiān）：罪过，过失。

⑩了（liǎo）：明白，明了。

⑪往生：往，指前往西方极乐净土。生，指化生于西方极乐净土的莲花之中。化生指死后出生于他方世界。又称"死"为"往生"。

⑫弹指："一弹指"的略语，极言时间的短暂。《翻译名义集·时分》："俱舍云：壮士一弹指顷（时间）六十五刹那。"

⑬便睹弥陀：象征着往生到西方极乐净土。

⑭十善：身、口、意三业中的十种善行为，与上文所述之"十恶"相反，不犯十恶就是十善。

⑮无生：无生无灭。

⑯目前：眼前，当即。

⑰顶礼：天竺（古印度）国最高的敬礼。其方式是：用两膝、两肘和头着地。用头顶接触到受礼者的双脚。顶礼类似于我国的五体投地。

⑱色身：即肉身。色指客观存在的实体。没有形体的称为"法身"、"智身"。

⑲五门：指眼、耳、鼻、舌、身（可触摸的）。

⑳性：指人的自我本性。

㉑观音：即观世音，唐代避太宗李世民之讳，只称观音。佛教菩萨名，也称观自在菩萨。与大势至菩萨同侍阿弥陀佛，推行教化。唐宋名画家所绘观音像皆为男身，后世讹为女像。

㉒势至：即大势至，也简称大势。是阿弥陀佛的右胁侍者。《观无量寿经》说他"以智慧光普照一切，令离三涂，得无上力，是故号此菩萨名大势至"。

㉓须弥：梵语音译，佛教传说中的山名，意译为妙光山或妙高山。这句是说，由于自我执著如同障碍正道的高山。

㉔尘劳：在尘中辛劳奔波。

㉕地狱：佛教指六道轮回中的最苦之处。

㉖天堂：与"地狱"相对而言，也称作"天宫"，是行善之人死后能够到达的享受福乐之所。

㉗如来：梵语"多陀阿迦陀"的意译，意为如宝道来而成正觉。这里指释迦牟尼的十种法号的第一种。

㉘六欲诸天：指欲界的六重天：一、四王天（有持国、广目、增长、多闻四大天王）；二、切利天；三、夜摩天；四、兜率天；五、乐变化天；六、他化自在天。

㉙三毒：指贪、嗔、痴。

述意

　　此段首先记述在大法会上惠能大师回答韦刺史提出的第二个问题：如何能往生到西方极乐净土？惠能开示韦刺史，往生净土的关键是自净其心，只要自我心性清净，那里就是清净的佛土；每人的身中都存在净土，只要自己了悟、识见；心净即无罪，心地无不善，就离西方净土不远了。

　　其次，记述惠能回答听法之众的要求，让西方净土显现。惠能开示众人：修佛要从自我本性中做起，不要向身外求取。只要做到大善大悲、乐于施舍、本心清净、公平正直，常行十善，就能成就佛道，就是到达了西方净土。

经　语　精　华

　　《翻译名义集·时分》："俱舍云：壮士一弹指顷，六十五刹那。"

　　《楞严经》："是故当知汝现色身，名为坚固第一妄想。"

　　《法华经·法师功德品》："以是功德，庄严六根，皆会清净。"

　　《大智度论》："我所心生故，有利益我者生贪欲，违逆我者生嗔恚。此结使不从智生，从狂惑生故，是名为痴。三毒为一切烦恼之根本，悉由我故。"

　　明·洪应明《菜根谭》："释氏随缘，吾儒素位，四字是渡河的浮囊。盖世路茫茫，一念求全则万绪纷起，随遇而安则无入不得矣。"

◎俗　语◎

善有善报，恶有恶报。

师言："善知识！若欲修行，在家亦得，不由在寺[①]。在家能行，如东方人心善；在寺不修，如西方人心恶。但心清净，即是自性西方。"

韦公又问："在家如何修行？愿为教授！"

师言："吾与大众说《无相颂》，但依此修，常与吾同处无别[②]。若不依此修，剃发出家，于道何益？

颂曰：

心平何劳持戒[③]？行直何用修禅[④]？

恩则孝养父母，义则上下相怜。

让则尊卑和睦，忍则众恶无喧。

若能钻木出火[⑤]，淤泥定生红莲[⑥]。

苦口的是良药，逆耳必是忠言。

改过必生智慧，护短心内非贤。

日用常行饶益[⑦]，成道非由施钱。

菩提只向心觅，何劳向外求玄[⑧]。

听说依此修行，西方只在目前。"

师复曰："善知识！总须依偈修行，见取自性，直成佛道。时不相待，众人且散，吾归曹溪。众若有疑，却来相问。"

时，刺史、官僚、在会善男信女，各得开悟，信受奉行。

译文

惠能大师说道："善知识！如果想要修行，在家中也能获得佛法，不必完全借助于寺院。在家中能坚持修行，就如同东方之人心存善行；在寺院中不坚持修行，就如同身在西方极乐净土却心存恶念。只要心地清净，就是在自我本性中识见西方极乐净土。"

韦刺史又问道："在家中又怎样修行呢？希望给我们教化传授！"

惠能大师说道："我给众位说一则《无相颂》，只要遵照这则颂语修行，就跟我时常在一处没有差别。如果不遵照这则颂语修行，即使剃去头发出家为僧，这对于修道又有什么益处？

颂语说：

心地平静哪里用得着护持戒法？

品行端直哪里还用得着修行佛禅？
获得福恩就要孝顺赡养父亲母亲，
获得道义就要对上对下互相悯怜。
讲究谦让就要对尊对卑和好亲近，
忍耐宽容就使众多恶人不再闹喧。
如果能像钻木取火一样坚持不懈，
即使在淤泥之中也一定长出红莲。
苦口婆心地劝说那就是一剂良药，
听起来觉得逆耳的必是金玉忠言。
能改正过错一定会生出般若智慧，
回护自己的短处心地就不是良贤。
日常用物时时做到使他人能丰足，
要成就佛道并不是由于广施银钱。
觉悟真理之菩提只是向内心寻觅，
哪里用得着劳苦地到外面求佛玄。"

惠能大师又说道："善知识！众位都必须遵照偈颂修行，识见取得自我的本性，直接成就佛道。修行佛法，时间是不等待人的，众位暂且散去了吧，我还要回到曹溪山去。众位如果有什么疑问，可以前来问我。"

当时，韦刺史、众官员、在大法会上的善男信女们，每人都得到了开悟，对惠能大师传授的顿悟教法都十分相信、领受，奉教修行。

注释

①由：凭借，依靠。
②同处：处在一起。
③持戒：护持戒法，六度中的一项，与"破戒"相对而言。
④禅：梵语"禅那"的省称。意译为"思维修"，即禅定，静思息虑之意。
⑤钻木出火：比喻持久不懈地修行。
⑥淤泥定出红莲：比喻在恶劣的环境中刻苦修行，也能修成正果。莲花出淤泥而不染。
⑦饶益：给人丰饶富裕。
⑧玄：玄机，这里指佛法。

述意

　　在大法会上，惠能大师开示僧俗众生：要想修行，在自家、在寺院都是一样的，其关键是自心的清净。接着回答韦刺史提出的"在家如何修行"的问题。惠能用一首六言十八句的偈颂做了全面而又深入的开示。其主旨是必要公平，品行端正，孝顺父母，怜爱众生，对人和睦，容忍改过，等等。这一切都从自身做，不必外求。如果能做到这一切，西方净土就在眼前。

经 语 精 华

　　《俱舍论·分别世品》："无色界中都无有处，以无色法无有方所。……但异熟生差别有四：一、空无边处，二、识无边处，三、无所有处，四、非想非非想处。如是四种名无色界。"

　　唐·李师政《法门名义集·世界品》："色界总有四禅，合十八天，初禅梵天以上，无有女形，色身清静，故曰色界，非是散善所能惑也，要修禅定，界生其中。"

　　明·洪应明《菜根谭》："施恩者，内不见己，外不见人，则斗粟可当万钟之报；利物者，计己之施，责人之报，虽百镒难成一文之功。"

　　清·沈复《浮生六记·养生记道》："禅师与余谈养心之法，谓：'心如明镜，不可以尘之也。又如止水，不可以波之也。'又言：'目毋妄视，耳无妄听，口毋妄言，心毋妄动，贪嗔痴爱，是非人我，一切放下。'"

◎俗　语◎
出淤泥而不染。

◎成　语◎
钻木取火　忠言逆耳

定慧品第四

品　鉴

　　定，使心凝住所缘一境，不向外驰散流动；慧是智慧，能辨别一切善恶。定慧是禅门南宗修行的重要法门。惠能指出，"定是慧体，慧是定用"，定与慧是一体的，因此强调定慧双修，而不能将其两分，偏执一端。修行定慧的关键，是自我识见本心，自我识见本性，超离外境的万事万相，始终不受外境的浸染。《法华经》说："佛自住大乘，如其所得法，定慧力庄严，以此度众生。"

师示众云："善知识！我此法门，以定慧为本①。大众勿迷，言定、慧别，定、慧一体，不是二。定是慧体，慧是定用，即慧之时，定在慧，即定之时，慧在定。若识此义，即是定、慧等学②。诸学道人，莫言先定发慧、先慧发定各别。作此见者，法有二相。口说善语，心中不善，空有定、慧，定、慧不等。若心口俱善，内外一如，定、慧即等。自悟修行，不在于诤③；若诤先后，即同迷人。不断胜负，却增我法，不离四相④。"

"善知识！定、慧犹如何等？犹如灯光。有灯即光，无灯即暗，灯是光之体，光是灯之用。名虽有二，体本同一。此定、慧法，亦复如是。"

师示众云："善知识！一行三昧者⑤，于一切处行住坐卧，常行一直心是也。《净名经》云：'直心是道场⑥，直心是净土⑦。'莫心行谄曲⑧，口但说直，口说一行三昧，不行直心。但行直心，于一切法勿有执著。迷人著法相⑨，执一行三昧，直言常坐不动，妄不起心，即是一行三昧。作此解者，即同无情，却是障道因缘⑩。"

"善知识！道须通流，何以却滞？心不住法，道即通流。心若住法，名为自缚。若言常坐不动是，只如舍利弗宴坐林中⑪，却被维摩诘诃⑫。"

"善知识！又有人教坐，看心观静⑬不动不起，从此置功。迷人不会，便执成颠⑭，如此者众。如是相教，故知大错。"

译文

惠能大师开示众人，说道："善知识！我所阐说的这个法门，把禅定和智慧作为根本。众位请不要迷惑误解，说成禅定和智慧这两方面是有区别的，而禅定和智慧是一体的，不是分成两个方面。禅定是智慧的本体，智慧是禅定的功用，就是在智慧呈现的时候，禅定存在于智慧之中，就是在禅定的时候，智慧存在于禅定之中。如果识见了这层含义，就明白了禅定和智慧是等同一体的学说。众位学习佛道的人，不要说先做到禅定再生发智慧，也不要说先获得智慧再做到禅定，从而认为禅定和智慧有区别。持有这种看法的人，认为佛法也有两种相状。如果口头上说着善语，心中却存着不善，只是空有禅定和智慧的虚名，禅定和智慧就不能等同一体。如果内心和口头都善，即心中有善意，口头有善言，做到内心和外露完全一样，禅定和智慧就是等同一体。自我觉悟，遵照此法修行，不在于互相争执；如果争执禅定和智慧哪个在前、哪个在后，就等同于愚昧痴迷的人。不绝断计较胜败的心念，就加重了自我的束缚，不能超离对四相——我、人、众生、寿者——的执著。"

"善知识！定、慧之间的关系如同什么呢？如同灯光。有灯就明亮，无灯就黑暗，灯是光的本体，光是灯的功用。名称虽然有两个，实体本来是同一的。这种定、慧之间的道理，也就像这灯与光的关系。"

惠能大师又开示众人说："善知识！一行三昧，就是在一切地方、任何时间，不论是行、是住、是坐、是卧，都直接遵照本心去修行。《净名经》中说：'直现本心就是佛的道场，直现本心就是西方极乐净土。'不要心中产生谄媚邪曲，口头上却说正直，口头上说一行三昧，实际上却不奉行正直之心。只应当奉行正直之心，对一切外界事物、现象不去执著。愚昧痴迷的人执著于法相，执著于一行三昧，直接宣言只须时常静坐不动就可以，虚妄之念就不从心中生起，这就是一行三昧。做这种解释的人，就如同没有感情的万物一样，这是阻碍修道的因缘。"

◎六尊者像◎

"善知识！道是通行流动的，为什么却是凝滞的呢？内心不执著于法，道就通行流动。内心如果执著于法，这就叫做自我被法所束缚住了。如果说时常静坐不动是对的，那么就只会像当年舍利弗长久地静坐于树林中，却遭到维摩诘呵斥一样。"

"善知识！又有人教导人们静坐，只是守护着心，观看着静，身体不动，久坐不起，用这种办法来建树功德。愚昧执迷的人不能领会定、慧之理，就执迷于此，以致颠倒虚妄，像这样修行的人是很多的。用这种方法教导众生，原本就是大大的错误。"

注释

①**定**：即禅定，指坐禅时住心于一境，冥想佛理。禅定和布施、持戒、忍辱、精进等合称"六度"，是成佛的基本功夫。

②**等**：相同，即是一体。

③**诤**：这里指双方互相争执。

④**四相**：指我（自己）、人（对方）、众生、寿者。

⑤**一行三昧**：禅宗指一种实相念佛教法。它以法界（真如、实相）为观想对象，只要专心念佛，就能够见到佛。禅宗的北宗神秀法师倡导此种修禅之法，强调静坐安心。惠能大师反对这种守心持净的修行方法，并重新解释了"一行三昧"。三昧梵语又作"三摩提"、"三摩地（帝）"，意译为等持、正定、正心行处等，即把心定于一处。

⑥**道场**：一般指修行佛法的场所，成为佛寺的别名。又称作"菩提场"、"菩提道场"，是特指天竺（古印度）菩提伽耶的菩提树下金刚上释迦牟尼成道之处。此处指禅宗提倡的成就菩提动机的修行。

⑦**净土**：全称是清净国土、清净佛刹，指用菩提之法修行成的清净之处，是佛居住的地方。与此相对而言，称作秽土、秽国，是众生所居之处，因为那里有烦恼污秽。

⑧**谄曲**：谄媚歪曲。

⑨**法相**：诸法所具备的本质的相状，也指真如、实相。这里与"法性"同义。

⑩**障道**：阻碍修行道法。

⑪**舍利弗**：释迦牟尼佛十大弟子之一，他经常随从释迦牟尼佛，辅佐教化，成为诸弟子中的上首，称誉他是"智慧第一"。**宴坐**：静坐，指坐禅。

⑫**维摩诘**：简称"维摩"，菩萨名。他是释迦牟尼佛的俗家弟子，本是天竺（古印度）国毗舍利城的长者，虽未出家，却精通大乘佛教教义，修为高远。**诃**：同"呵"，怒责，呵斥。

⑬**看（kān）心**：守心。看，守护。

⑭**颠**：颠倒，以反为正，或以正为反。

述意

　　此段是惠能大师为僧俗众人讲说修行禅定的方法。修禅，一是重在修心，要心有善念，心口如一，绝不能口头说善，而心中却不善，这样，达不到定、慧的境界。修禅，二是重在自我开悟，而不要同别人争论是非、先后，要断绝胜负之念。修禅，三是对一切法都不要执著，执著则达不到修行的最高境界，这是自己束缚自己。修禅，四是要顺其自然，不要注重于形式，行、住、坐、卧均可修行，不必常坐不动，不必没有思维活动、什么也不想，那样做就等同于无生命的物体了。

 经　语　精　华

　　《无量寿经》："定力慧力，多闻之力。"
　　《云笈七签·玄门大论三一诀》："昔小乘以三一为定境，义极于有。"
　　《楞严经》："若从根出，必无离、合、违、顺四相。"
　　清·王永彬《围炉夜话》："肯救人坑坎中，便是活菩萨；能脱身牢笼外，便是大英雄。"
　　明·陈继儒《小窗幽记》："天薄我福，吾厚吾德以迓之；天劳我形，吾逸吾心以补之；天厄我遇，我亨我道以通之。"

◎俗　语◎
万事皆缘，随遇而安。
◎成　语◎
心口如一　看心观静

◎南华禅寺◎

师示众云："善知识！本来正教，无有顿渐，人性自有利钝①。迷人渐修，悟人顿契②。自识本心，自见本性，即无差别。所以立顿渐之假名③。"

"善知识！我此法门，从上以来④，先立无念为宗⑤，无相为体，无住为本。无相者，于相而离相；无念者，于念而无念；无住者，人之本性。于世间善恶好丑⑥，乃至冤之与亲，言语触刺欺争之时，并将为空，不思酬害⑦，念念之中，不思前境。若前念、今念、后念，念念相续不断，名为系缚⑧。于诸法上，念念不住，即无缚也。此是以无住为本。"

"善知识！外离一切相，名为无相。能离于相，即法体清净⑨。此是以无相为体。"

"善知识！于诸境上⑩，心不染，曰无念。于自念上，常离诸境，不于境上生心；若只百物不思，念尽除却，一念绝即死，别处受生，是为大错。学道者思之！若不识法意⑪，自错犹可，更误他人；自迷不见，又谤佛经。所以立无念为宗。"

◎明 红铜度母半跏趺像◎

"善知识！云何立无念为宗？只缘口说见性迷人，于境上有念，念上便起邪见。一切尘劳妄想，从此而生。自性本无一法可得，若有所得，妄说祸福，即是尘劳邪见。故此法门立无念为宗。"

"善知识！无者，无何事？念者，念何物？无者，无二相，无诸尘劳之心。念者，念真如本性，真如即是念之体，念即是真如之用。真如自性起念，非眼、耳、鼻、舌能念。真如有性，所以起念。真如若无，眼、耳、色、声当时即坏⑫。"

"善知识！真如自性起念，六根虽有见闻觉知，不染万境，而真性常自在。故经云：能善分别诸法相⑬，于第一义而不动⑭。"

译文

惠能大师开示众人说："善知识! 原本纯正的教法，没有顿悟和渐悟的分别，人的本性却原本就有聪明和愚笨的分别。愚笨之人逐渐修行，聪明之人顿时开悟。能够自我识见本性之心，自我识见本心之性，就没有渐悟、顿悟的差别了。这只是用来权且设立借用其名称的做法。"

"善知识! 我所讲说的这个法门，从佛祖释迦牟尼以来，直至今日都是先立无念为主旨，以无相为本体，以无住为根本。无相的意思是，本于一切外相而又超离一切外相；无念的意思是，本于心念的生起而又不执著于心念；无住的意思是，人的自我本性。对于人世间的一切善良凶恶、美貌丑陋，以至于冤家仇敌或至亲好友，在言语方面发生冲撞、刺激、欺骗、争执的时候，全都把这些看成是空幻的，不去想着报复伤害，在时时刻刻之间，不去回思以前发生的境况。如果对于先前的念头、现在的念头、以后的念头、总是念念不忘，接续不断，这就叫做自我的拘系束缚的烦恼。但是在一切法相上，时时刻刻绝不执著，就是没有拘系束缚的烦恼，这就是以无住为根本。"

◎五百罗汉·洞中入定局部◎

"善知识! 对外界超离一切存在的形相，这就叫做无相。能够超离于形相，就是法体本性的清净。这就是以无相为本体。"

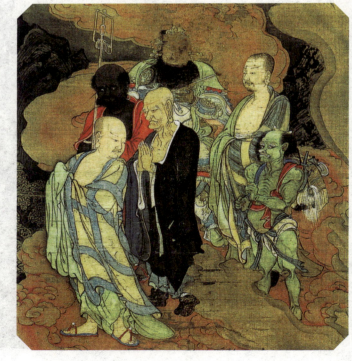

"善知识! 在一切外境——人世间的万事万物万相——之中，自心不被浸染，这就叫做无念。在自我的心念上，时常超离一切外境万事万物万相，不对万事万物万相产生执著之心；如果只是对世间的一切都不思索，心念全

都除尽，一念也断绝了，就是死，
以为还可以去别处再受生，
这种想法是极大的错误。
万望学佛道的人好好想
想其中的道理。如果
不能识见佛法的深
义，自己错了还勉强
将就，但是却更加
误导了别的人；不
但自身迷悟没有识
见自我的本性，而且
还毁谤了佛教经典。
这就是设立无念为主旨
的原因。"

　　"善知识！为什么设立无
念为主旨呢？只是因为口头上称说
识见自我本性的愚昧痴迷之人，在一切外
境上有了执著的心念，在心念中就生起了邪见。一切尘世烦劳的错误
妄想，就从这里产生。自我本性原本就没有一种具体方法可以获得，
如果有人有所获得，就毫无根据地胡乱说是得福遭祸的果报，这就
是尘世中的邪见。所以我宣讲的这个法门设立无念为主旨。"

◎五百罗汉·洞中入定
局部◎

　　"善知识！无这个说法，无的是什么？念这个说法，念的是什么？
无这个说法，是没有差别的二分之相，没有执迷尘世烦劳之心。念这
个说法，是指心念与真如佛性一致的自我本性，真如佛性是心念的本
体，心念是真如佛性的功用。真如佛性是由自我本性之中生起心念，
并不是眼睛、耳朵、鼻子、舌头等感官能生起心念。真如佛性是自我本
性中所具有的，所以能够生起心念。真如佛性，如果自我本性中原本
就没有，那么，眼睛、耳朵、鼻子、舌头等六种感官当时就会坏死。"

　　"善知识！真如佛性是从自我本性中生起的心念，六种感觉器官
虽然能够有所看见、有所听闻、有所感觉、有所知道，但却不被外界
的万事万物万相所浸染，那么真如本性就自然永恒地存在。所以佛
经上说：真如佛性能辨别万事万物万相，是至高无上的真理，无生无
灭，永不动摇。"

注释

①利钝：本指刃器锋利和不锋利，这里指聪明和愚笨。

②契：契合，相符。

③假名：权且借用的名称。

④上：指佛祖释迦牟尼。

⑤宗：主旨。

⑥好：美。

⑦酬害：报复与伤害。

⑧系缚：拘系束缚。此语是烦恼的别名。烦恼如同绳索捆缚人的身心，总是流连于生死之中，而使人不能够自由自在。

⑨法体：指修行佛法者之体。

⑩诸境：一切外境，即世间的万事万物万相。

⑪法意：佛法的大义。

⑫色、声：指眼所见之色、耳所听之声等六种感觉器官。

⑬诸法相：泛指世间的万事万相。

⑭第一义：至高无上的真理，指无生无灭。

◎十六罗汉·第二尊者◎
图中尊者趺坐石上，作辩论状。此图用色艳丽、明快，画面富丽堂皇，与日本所藏同被认为是赵琼的真迹。

述意

在此段中，惠能大师为僧俗众人阐述了禅宗的主旨，即"无念为宗"。惠能虽然首创了禅宗的顿教教法，但是他不固守门派，排斥其他门系。他认为，纯正的佛教佛理，原本没有顿悟、渐悟的区别，只是由于人的本性有利钝，所以才有了渐修和顿悟的两种修行方法。惠能为此全面而深入地阐明了顿教教法的核心：无念为宗，无相为体，无住为本。即超离外境的万事万物万相，自心不受其浸染，不生尘劳妄相，但并不是百物不思，如果心念全部断绝，那就等于死，这是极为错误的。

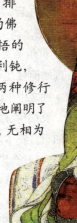

经 语 精 华

《唯成识论》："勿谓虚幻，故说为实。理非妄例，故名真如。不同余宗，离色心等，有实常法，名曰真如。"

《宗镜录》："所谓无心，何者？若有心则不安，无心则自乐。故先德偈云：莫与心为伴，无心心自安，若将心作伴，动即被心谩。"

《大乘义章》："言无明者，痴暗之心，体无慧明，故曰无明。"

清·张潮《幽梦影》："寻乐境乃学仙，避苦趣乃学佛。佛家所谓极乐世界者，盖谓众苦之所不到也。"

◎俗 语◎

体认自然，不染世法。

处处皆妙境，处处皆净土。

◎成 语◎

百物不思 一尘不染

〇八七

坐禅品第五

品　鉴

　　坐禅，是佛教信众修行时的一种静坐姿态，即结跏趺坐。惠能解释坐禅的念义说："外于一切善恶境界，心念不起，名为坐；内见自性不动，名为禅。"即不受外界干扰，内心不乱。惠能又特别指出，坐禅并非一动不动的枯坐，守心看净，而是不执著于外境，内心不散乱动摇，将心系于某一对象。

师示众云："此门坐禅①，元不著心②，亦不著净，亦不是不动。若言著心，心元是妄，知心如幻，故无所著也。若言著净，人性本净。由妄念故，盖覆真如③，但无妄想，性自清净。起心著净，却生净妄，妄无处所，著者是妄。净无形相，却立净相，言是工夫，作此见者，障自本性，却被净缚④。"

"善知识！若修不动者，但见一切人时，不见人之是非善恶过患⑤，即是自性不动⑥。"

"善知识！迷人身虽不动，开口便说他人是非长短好恶，与道违背。若著心著净，即障道也。"

师示众云："善知识！何名坐禅？此法门中，无障无碍，外于一切善恶境界，心念不起，名为坐；内见自性不动，名为禅。"

"善知识！何名禅定？外离相为禅⑦，内不乱为定。外若著相，内心即乱。外若离相，心即不乱。本性自净自定，只为见境思境即乱⑧。若见诸境心不乱者，是真定也。"

"善知识！外离相即禅，内不乱即定。外禅内定，是为禅定。《菩萨戒经》云：'我本元自性清净。'"

"善知识！于念念中，自见本性清净，自修、自行⑨，自成佛道。"

◎明 鎏金铜观音坐像◎

译文

惠能大师开示众人，说道："我倡导的这个法门所说的坐禅，原本不要执著于固守本心，也不要执著于绝对的净，也不是只坐守不动。如果说执著于心念，心念原本就是虚妄的，了解了心念如同虚幻，所以也就没有可以执著的了。如果说执著于追求自心清净，那么人们的自心本性原本就清净。由于虚妄心念的缘故，就掩盖了自心的真如本性，只要没有虚妄之想，自我的本性自然就清净了。生起心念，执著于追求清净，却又生起了执著于清净的妄念，这种妄念原本是没有处所的，执著于清净的时候，就是妄念生起的时候。清净原本是无形无相的，但是却设立了一个清净的形相，还说这是修行的真功夫，持有这种见解的人，就阻碍了运用自我的本性，反倒被观想的净相束缚住了。"

"善知识！如果修行'不动'的功夫，只要在看一切人的时候，不要去看那些人的是非、善恶、过错，就是自我的本性不被扰动。"

"善知识！愚昧痴迷的人修行时虽然身体静坐不动，但一开说话，就说别人的是非、长短、好坏，这是同修行佛道是相违背的。如果执著于心念，执著于清净，就会阻碍修行佛道了。"

惠能大师开示众人，说道："善知识！什么叫做坐禅？我所宣讲的这个法门中，没有阻障没有妨碍，对于一切外在的善恶境界，心念不生起，这就叫做坐；在内心能识见自我的本性静寂不动，这就叫做禅。"

"善知识！什么叫做禅定？对外界的事物现象都超离而不执著，这就叫做禅；内心不散乱动摇，这就叫做定。对外界如果执著于万事万相，内心就会散乱动摇。对外界如果超离万事万相，内心就不会散乱动摇。人们的自心本性原本是清净的宁定的，只是因为见到外在的境界而思虑外在的境界，因而内心才散乱动摇了。如果见到一切外在境界而内心不散乱动摇的，这就是真正的定。"

"善知识！对外界超离万事万相，这就是禅，在内心不散乱动摇，这就是定。对外界禅，在内心定，这就叫做禅定。《菩萨戒经》中说：'自我的本性原本是清净的。'"

"善知识！在时时刻刻之间，识见自我的本性清净，自我修持，自我心行，自然就能成就佛道。"

注释

①坐禅：结跏（jiā）趺（fū）坐，心中专注于某一对象，不生思虑。结跏趺坐，又省称"跏趺"，一种修行方式，盘腿而坐，脚背朝下，脚心朝上。

②元：同"原"。著（zhuó）心：执著于固守本心。

③盖覆：掩盖遮蔽。

④净缚："净相"予以束缚。

⑤过患：过错。

⑥自性：自我的本性，是不变不改之性，即本性中不去计较是非曲直。

⑦外离相：对外界的一切事物现象都超离，即不执著。

⑧境：指外境，即心外的一切境界。

⑨自行：自我心中修行。

述意

惠能大师在此段中主要阐述坐禅的佛理、内涵以及修禅的方法。他指出，对外界的一切均不生起心念，叫做"坐"；在内心识见自性不动，叫做"禅"。修行坐禅，要不执著于内心，不执著于清净，也不是一点儿不动。否则，自我的本性就会受到障碍，反而被清净所束缚，自然不能得到解脱。在对待人际关系上，最重要的是管好自己，使自心永远清净，不要议论他人的是非长短，因为这是与佛道相违背的。只要自己清净修禅，自我修行，就会成就佛道。

经 语 精 华

《魏书·释老志》："（慧始）坐禅于白渠北，昼则入城听讲，夕则还处静坐。"

《楞严经》："如是三种，颠倒相续，皆是觉明，明了知性，因了发相，从妄见生。"

《禅源诸诠集都序》："诸法如梦，诸圣同说，故妄念本寂，尘境本空。"

明·洪应明《菜根谭》："心虚则性现，不息心而求见性，如拨波见月；意静则心清，不了意而求明心，如索镜增尘。"

◎俗 语◎

诸恶莫作，众善奉行。
闲谈莫论人是非。

忏悔品第六

品 鉴

　　惠能在本品中阐述的内容较多，含有"自性五分法身""无相忏悔""自心四弘誓愿""无相三皈依戒""一体三身自性佛"等法理。其中心是强调自性，即心即佛，开示众生修行自心的戒定慧，要皈依自性，不借外力，三身佛都在自性之中，不能从外获得。忏悔是禅宗修行的重要法门之一，本品以"忏悔"命名，则是强调其重要性。忏指自觉说出先前的罪过，悔指断绝以后的过错。唯有做到忏悔，不论求解脱，求无上觉，都能圆满。

时，大师见广韶洎四方士庶①，骈集山中听法②，于是升座告众曰：

"来，诸善知识！此事须从自性中起③。于一切时，念念自净其心，自修自行，见自己法身④，见自心佛，自度自戒，始得不假到此⑤。既从远来，一会于此，皆共有缘。今可各各胡跪⑥，先为传自性五分法身香⑦，次授无相忏悔⑧。"

众胡跪。

师曰："一戒香，即自心中，无非、无恶、无嫉妒、无贪嗔、无劫害⑨，名戒香。二定香，即睹诸善恶境相，自心不乱，名定香。三慧香，自心无碍，常以智慧观照自性，不造诸恶；虽修众善，心不执著，敬上念上，矜恤孤贫⑩，名慧香。四解脱香，即自心无所攀缘⑪，不思善，不思恶，自在无碍，名解脱香。五解脱知见香，自心既无所攀缘善恶，不可沉空守寂⑫，即须广学多闻，识自本心，达诸佛理，和光接物⑬，无我无人，直至菩提，真性不易，名解脱知见香。"

"善知识！此香各自内熏⑭，莫向外觅。"

译文

当时，惠能大师看到广州、韶州以及来自四方的尊贵的和普通的百姓，都聚集到曹溪山中听讲佛法，于是就登上讲坛，告诉众人说：

"来吧，众位善知识！修行佛道顿悟解脱这种事情须要从自我本性中做起，在一切时间，都要时时刻刻使自我的本心清净，自己进行修行，识见自己的智慧法身，识见自我本心佛性，自我度脱，自我持戒，才能不是白白地到这里一趟。既然是从远方到来，一齐会集在这里，就都是大家同有的缘分。现在各位都可以胡跪，我首先给众位传授自性五分法身香，然后再传授无相忏悔。"

众人都胡跪下来。

惠能大师说道："五分法身香的第一种是戒香，就是

自我本心中没有非分之想，没有恶念，没有嫉妒，没有贪欲、嗔怒，没有胁制毒害之心，这就叫做戒香。第二种是定香，就是见到一切善恶的身外境相，自己的内心不惑乱，这就叫做定香。第三种是慧香，它主持自己的内心没有障碍，时常用智慧观照自我的本性，不造作一切恶业；虽然修行一切善业，自己内心对此却不执著，敬重长辈，体念晚辈，怜悯体恤孤寡贫困之人，这就叫做慧香。第四种是解脱香，就是自己内心没有对外事外物有所攀附追求，不思虑善，不思虑恶，自由自在，没有障碍，这就叫做解脱香。第五种是解脱知见香，自己的内心既没有攀附善恶之思，也不能沉溺于虚空，枯守着寂静，即是必须广博地学习，更多地听取教诲，识见自我的本心，通达一切佛教真理，对待光荣和尘浊即对尊者和卑者一视同仁，没有自我和他人的区别，一直达到菩提所指的无上佛性，自我的纯真本性没有改变，这就叫解脱知见香。"

　　"善知识！这五分法身香，众位在各自的内心中点燃熏陶，不要向外界去寻求。"

注释

①广韶：广州、韶州，今广东省广州市和韶关市。泊（jì）：及，和。士庶：读书人和普通百姓。

②骈集：聚集。

③此事：指上一品中所论及的顿悟教法。

④法身：每人所具备的合于佛法之身。

⑤假：徒然地，空虚地。

⑥胡跪：指胡人跪拜的方式，即顶礼膜拜。我国古代对西方民族（包括西域及古印度等）统称为胡。

⑦五分法身香：指戒香、定香、慧香、解脱香、解脱知见香。香，是以智慧火燃烧抽象无价真香。这是在修行时，自证自我本性的法身来修炼成佛。

⑧忏悔：忏，指请求他人忍罪。悔，指追悔以往的罪孽。禅宗不强调忏悔的外在形式，只要求内心清净，故称其忏悔为"无相"。

⑨劫害：指胁制毒害之心。

⑩矜（jīn）恤：怜悯体恤。

⑪攀缘：指内心随从外界境相而欲为持有，即内心执著于外界的某一对象。

⑫沉空：沉溺于虚空。

⑬和光："和光同尘"的略语，即把光荣和尘浊同样看待，指对尊者卑者一视同仁。接物：对待他人。

⑭内熏：本义是用香气在内心熏染，这里指众生用自心本性中的真如熏习浸染，由厌恶生死的痛苦，转为祈求涅槃的快乐。佛菩萨的一切教法，叫做"外熏"，内熏与外熏相对而言。

述意

　　此段是惠能大师为广州、韶州的僧俗众人讲说佛法，其主要内容是传授"五分法身香"。这五种香虽名称不一，但核心为一，即"不"字，告诫众生不要去做的各种事情，诸如不嫉妒，不贪嗔，不乱心，不造恶，不执著于心，不思善恶，不沉空守寂，等等。这是从所须否定的一面劝诫，而从肯定的一面说，则要多行善事，诸如尊敬长辈，顾念下人，怜悯孤寡，体恤贫弱，等等。要做到这一切，关键在于自修自行，自度自戒，见到自心的佛心，而不能到心外去寻求。

经 语 精 华

南朝梁·王简栖《头陀寺碑文》："况法身圆对，规矩冥立；一音称物，宫商潜运。"

晋·郗超《奉法要》："每礼拜忏悔，皆当至心归命，并慈今一切众生。"

《法苑珠林·忏悔篇》："积罪尤多，今既觉悟，尽诚忏悔。"

南朝梁·释慧皎《高僧传·求那跋摩》："求那跋摩造偈，得此第一法，一念缘真谛，次第法忍生，是谓无溺道。"

明·陈继儒《小窗幽记》："寂而常惺，寂寂之境不扰；惺而常寂，惺惺之念不驰。"

◎俗 语◎
诸恶莫作，众善奉行。

◎成 语◎
嫉贤妒能 和光接物

今与汝等授无相忏悔，灭三世罪[1]，令得三业清净[2]。

"善知识！各随我语，一时道：弟子等[3]，从前念、今念及后念，念念不被愚迷染。从前所有恶业、愚迷等罪，悉皆忏悔，愿一时销灭，永不复起。"

"弟子等，从前念、今念及后念，念念不被骄诳染。从前所有恶业、骄诳等罪，悉皆忏悔，愿一时销灭，永不复起。"

"弟子等，从前念、今念及后念，念念不被嫉妒染，从前所有恶业、嫉妒等罪，悉皆忏悔，愿一时销灭，永不复起。善知识！已上是为无相忏悔。"

"云何名忏？云何名悔？忏者，忏其前愆[4]。从前所有恶业：愚迷骄诳嫉妒等罪，悉皆尽忏，永不复起，是名为忏。悔者，悔其后过。从今以后，所有恶业，愚迷骄诳嫉妒等罪，今已觉悟，悉皆永断，更不复作，是名为悔，故称忏悔。凡夫愚迷，只知忏其前愆，不知悔其后过。以不悔故，前愆不灭，后过又生。前愆既不灭，后过复又生，何名忏悔？"

"善知识！既忏悔已，与善知识发四弘誓愿[5]，各须用心正听：自心众生无边誓愿度[6]，自心烦恼无边誓愿断[7]，自性法门无尽誓愿学[8]，自性无上佛道誓愿成[9]。"

"善知识！大家岂不道'众生无边誓愿度'，恁么道⑩，且不是惠能度。"

"善知识！心中众生，所谓邪迷心、诳妄心、不善心、嫉妒心、恶毒心，如是等心，尽是众生，各须自性自度，是名真度。何名'自性自度'？即自心中邪见、烦恼、愚痴众生，将正见度⑪。既有正见，使般若智打破愚痴迷妄众生，各各自度。邪来正度，迷来悟度，愚来智度，恶来善度。如果度者，名为真度！"

"又烦恼无边誓愿断，将自性般若智除却虚妄思想心是也。又法门无尽誓愿学，须自见性，常行正法，是名真学。又无上佛道誓愿成，既常能下心，行于真正，离迷离觉⑫，常生般若，除真除妄，即见佛性，即言下佛道成。常念修行是愿力法⑬。"

"善知识！今发四弘愿了，更与善知识授无相三皈依戒⑭。"

"善知识！皈依觉，两足尊⑮；皈依正，离欲尊⑯；皈依净，众中尊！从今日去，称觉为师，更不皈依邪魔外道，以自性三宝常自证明⑰。劝善知识，皈依自性三宝。佛者，觉也；法者，正也；僧者，净也。自心皈依觉，邪迷不生，少欲知足，能离财色⑱，名两足尊。自心皈依正，念念无邪见，以无邪见故，即无人我贡高⑲，贪爱执著，名离欲尊。自心皈依净，一切尘劳爱欲境界，自性皆不染著，名众中尊。若修此行，是自皈依。凡夫不会，从日至夜，受三归戒；若言皈依佛，佛在何处？若不见佛，凭何所归？言却成妄。"

"善知识！各自观察，莫错用心，经文分明言'自皈依佛'，不言'皈依他佛'。自佛不归，无所依处。今既自悟，各须皈依自心三宝。内调心性，外敬他人，是自皈依也。"

"善知识！既皈依自三宝竟⑳，各各志心㉑。吾与说一体三身自性佛㉒，令汝等见三身，了然自悟自性。总随我道：于自色身㉓，皈依清净法身佛㉔；于自色身，皈依圆满报身佛㉕；于自色身，皈依千百亿化身佛㉖。"

"善知识！色身是舍宅，不可言归。向者三身佛㉗，在自性中，世人总有。为自心迷，不见内性，外觅三身如来，不见自身中有三身佛。汝等听说，令汝等于自身中，见自性有三身佛。此三身佛，从自性生，不从外得。"

译文

惠能大师接着说道："现在我给你们这批人传授无相忏悔，用来灭除过去世、现在世、未来世的三世罪业，使各位能够获得身业、口业、意业三业的清净。"

"善知识！各位都跟随我一起念诵，同时齐说：我们这些弟子，从前的念头、现在的念头和将来的念头，时时刻刻都不被愚昧痴迷所浸染。从前所有造下的恶业、愚昧痴迷等罪过，全都忏悔，希望立时销毁灭绝，永远不再生起。"

"我们这些弟子，从前的念头、现在的念头和将来的念头，时时刻刻不被骄傲、欺骗所浸染。从前所有造下的恶业、骄傲欺骗等罪过，全都忏悔，希望立时销毁灭绝，永远不再生起。"

"我们这些弟子，从前的念头、现在的念头和将来的念头，时时刻刻不被嫉妒浸染，从前所有造下的恶业、嫉妒等罪过，全都忏悔，希望立时销毁灭绝，永远不再生起。善知识！以上就是所讲说的无相忏悔。"

"什么叫做忏？什么叫做悔？忏的意思是，坦白承认自己以前所造下的罪过，请人宽恕。从前所有的恶业——愚昧痴迷、骄傲欺骗、嫉妒等罪过，全部都坦白承认，请人宽恕，永远不再重新生起，这就叫做忏。悔的意思是，改悔并断除以后会造作的罪过。从今往后，所有的恶业——愚昧痴迷、骄傲欺骗、嫉妒等罪过，现在都已经觉知开悟，全部永远断绝，更不会再有新的造作，这就叫做悔，所以统称为忏悔。平常的百姓愚昧痴迷，只知道坦白承认他们从前所

◎五百罗汉·布施贫饥（部分）◎
本图画罗汉立于云端，给地面上的饥民施舍钱物的情景。

造下的罪过，而不知道改悔并断除以后会造作的罪过。因为不了解悔改的缘故，以前的罪过还未曾灭尽，后面的罪过又重新生起。以前的罪过既然不能灭尽，后面的罪过又重新生起，这怎么能叫做忏悔呢？"

"善知识！传授忏悔已经完毕，现在给各位善知识发四弘誓愿，各位必须用心听取，诚心正意：一是自心众生无边誓愿度，二是自心烦恼无边誓愿断，三是自心法门无尽誓愿学，四是自心无上佛道誓愿成。"

"善知识！大家岂不是都说'众生无边誓愿度'吗？是这么说，不过这并不是惠能我来度。"

"善知识！心中的众生，就是所说的邪迷之心、诳妄之心、不善之心、嫉妒之心、恶毒之心，像这样的心，都是众生所可能有的，各自都必须凭借自我的本性自我度脱，这叫做真度。什么叫做'自性自度'？就是自我的本心之中具有邪闻妄见、烦闷苦恼、愚昧痴迷等的众生，都用正确的识见把他们度脱。已经具有了正确的识见，让般若智慧打破众生的愚昧痴迷、疑惑虚妄，各自凭借自我的本性自我度脱。邪意产生，就用正见度脱；痴迷疑惑产生，就用觉悟来度脱；愚昧无知产生，就用智慧来度脱；邪恶心念产生，就用善良来度脱。像这样度脱，就叫做真度。"

◎宋 鎏金铜僧人像◎

"再讲说一下烦恼无边誓愿断，运用自我本性中的般若智慧除掉虚妄思想之心，就是这个弘愿。再讲说一下法门无尽誓愿学，它必须自我识见本性，时常修行正确的教法，这叫做真正地修学佛法。再讲说一下无上佛道誓愿成，这就是要时常能深入到心中，在真正的佛法上修行，超离了愚迷也超离了觉悟，时常生起般若智慧，不在真实之中也不在虚妄之中，就能识见佛性，也就是说话之时成就了佛道。时常心念修行四弘誓愿，就是发挥愿力的办法。"

"善知识！现在众位发过四弘誓愿了，再给众位善知识传授无相三皈依戒。"

"善知识！皈依佛法而觉悟，就会有佛的功德圆满的尊严；皈依了正确的佛法，就会有超离私欲的尊严，皈依了佛界的清净，就会有在众生中的尊严。从今天往后，把觉悟作为师父，更不归附邪魔外道，以自我本性中的三宝——佛、法、僧——时常自我印证明悟。我奉劝众位善知识，皈依自我本性中的三宝。佛，就是觉悟；法，就是正见；僧，就是清净。自我本心皈依觉悟，邪见愚迷就不会生起，减少私欲，知道满足，能超离财富女色，这就叫做两足尊。自我本心皈依正见，时时刻刻没有邪恶之见，因为没有邪恶之见的缘故，就没有与自我的争执，没有高傲自大，没有贪爱执著，这就叫做离欲尊。自我本心皈依清净，一切尘世烦恼、喜爱贪欲的境界，自我本性都不浸染执著，这就叫做众中尊。如果依次修行，就是自我皈依。平凡的百姓不领会其中的道理，从白天至深夜，接受三归戒；如果说是皈依佛，那么佛在什么地方？如果说是见不到佛，那么依凭什么皈依？这种说法就成了虚妄的。"

"善知识！各位自己详细观察，不要错误地用了心思，佛经上清楚明白地讲到'自皈依佛'，没有说过'皈依他佛'。自我本心的佛不去皈依，就没有皈依的地方了。现在已经自我开悟，各位必须皈依自我本心中的三宝。对内调适自我的心性，对外敬重他人，这就是自我皈依了。"

"善知识！皈依自我内心中的三宝已经完毕，各位就要专心致志。我给你们讲说一体三身自性佛，让你们这些人识见自性三身，清清楚楚地明白自我开悟、自我本性。请各位跟随我诵念：于自色身，皈依清净法身佛；于自色身，皈依圆满报身佛；于自色身，皈依千万亿化身佛。

"善知识！肉体色身是住宅房舍，不能说是皈依的处所；向来法身、报身、化身三身佛，都是在自我的本性中，世间上的人全都具有。只是因为自我的本心愚迷，不能识见自我内心的本性，却向外寻求三身如来佛，反而不能识见自我身中有三身佛。你们这些人听我讲说，让你们在自身中，识见自我本性中有三身佛。这个三身佛从自我本性中产生，而不是从外面得到的。"

注释

①三世：过去世、现在世、未来世的总称。

②三业：身业、口业、意业的总称。身业指身体上的恶行，诸如杀生、偷盗、淫邪、酗酒等；口业指口中所说的恶语，诸如恶口（伤人的话）、两舌（挑拨是非的话）、绮语（花言巧语）、妄语（谎言）等；意业指头脑中的恶念，诸如贪心、嗔怒、痴迷等。

③弟子等：弟子们。等，一批人。

④前愆（qiān）：先前的罪过。

⑤四弘誓愿：四种弘大的愿，又作四弘愿、四弘愿行、四弘誓、四弘等。是一切菩萨初发心时必发之愿，故又称"总愿"。其具体内容与解释，见下注。

⑥众生无边誓愿度：指菩萨誓愿救度一切众生。

⑦烦恼无边誓愿断：指菩萨誓愿断除一切烦恼。

⑧法门无尽誓愿学：指菩萨誓愿学知一切佛法。

⑨无上佛道誓愿成：指菩萨誓愿证得至高无上的佛道。

⑩恁（nèn）么道：这样说。

⑪正见：持平中正的见解，与"邪见"相对而言，是"八正道"之一，也是"十善"之一。

⑫离：超离，即不执著。

⑬愿力：指菩萨在"因位"所发本愿之力达于"果位"而显示其功。又称"宿愿力"、"大愿业力"、"誓愿之力"等。

⑭无相三皈（guī）依戒：指自心的皈依，绝不信奉和皈依外在的崇拜对象。皈依，含有救护、趋向之意，是佛教的入教仪式，指心归向依附佛、法、僧三宝。三皈依，又作"三归"、"三归戒"、"趣三皈依"。意为归依三宝，请求救护，以解脱一切苦难。

⑮两足尊：佛的尊号，又称"二足尊"、"无上两足尊"。这个尊号有双重含义：一是在天上、世间之中，所有两只脚的生物之中最尊贵的；二是用"两足"譬喻戒、定、慧等功德。佛就具备这两足，周游法界，没有障碍。

⑯离欲：超离了欲望，即无欲。

⑰三宝：指佛教徒所尊敬供养的佛宝、法宝、僧宝。佛宝，指一切佛。法宝，指佛所讲说的法。僧宝，指奉行佛法的人。佛，指觉知之义；法，指佛法的轨范之义；僧，指和合之义。

⑱色：美色，泛指女子。

⑲贡高：骄傲自大。

⑳竟：结束、完毕。

㉑志心：专心致志。

㉒一体三身自心佛：指皈依自身本性内所具有的法身、报身、化身三身佛。

㉓色身：从四大（地、水、风、火）、五尘（色、声、香、味、触）等色法而成之身，叫做色身，即众生之身。

㉔法身佛：法身，指法性之体，法性有觉知之德，所以叫做佛。

㉕报身：指佛的果报身，"三身"之一。报身佛中有阿弥陀佛、药师如来佛、卢舍那佛等。

㉖化身：又叫"应化身"、"变化身"，是为众生变化种种形相的佛身。属"三身"之一。

㉗向者：向来，一向。

述意

此段紧承上段，仍是惠能大师为僧俗众人讲说佛法。惠能首先带领大家同他一起念诵"无相忏悔"。其忏悔的内容是：对从前、现在、以后的恶业、愚迷、骄诳、嫉妒等罪过，全都忏悔，立时灭绝，永远不再产生。其次，惠能分别阐释"忏"和"悔"的含义，要进一步做到忏和悔，才是真正的忏悔，即既要灭断先前的过错，又不使以后的过错再产生。再次，惠能开悟众人要发"四弘愿誓"，即是"自性自度"。要成就佛道，要靠自我本心中的佛性，自己度化自己。又次，惠能为众解说"三皈依戒"。三皈依，即皈依"三宝"——佛、法、僧。三宝在自我本性中，所以修行还要从自心修起。最后惠能向众人开示，人人都有三身佛，他们是从自我本性中生出，不能从外界得到。

◎五祖寺◎

经 语 精 华

《魏书·释老志》："故其始修心，则依佛、法、僧，谓之三归（也作'皈'）。"

《华严经·普贤行顺品》："我昔所造诸恶业，皆由无始贪、嗔、痴。"

《大般涅槃经》："一切众生悉是自在天之所作。自在天喜众生安乐，自在天嗔众生苦恼。一切众生若罪若福，乃是自在天之所为。"

明·吕坤《呻吟语》："一念收敛则万善来同，一念放恣则百邪乘衅。"

◎俗　语◎
放下屠刀，立地成佛。

◎成　语◎
自性自度　邪魔外道

"何名清净法身佛？世人性本清净，万法从自性生。思量一切恶事，即生恶行；思量一切善事，即生善行。如是诸法在自性中，如天常清，日月常明，为浮云盖覆，上明下暗。忽遇风吹云散，上下俱明，万物皆现。世人性常浮游①，如彼天云。"

"善知识！智如日，慧如月，智慧常明。于外著境，被妄念浮云盖覆自性，不得明朗。若遇善知识，闻真正法，自除迷妄，内外明彻，于自性中万法皆现。见性之人，亦复如是，此名清净法身佛。"

"善知识！自心皈依自性，是皈依真佛。自皈依者，除却自性中不善心、嫉妒心、谄曲心、吾我心、诳妄心、轻人心、慢他心、邪见心、贡高心②，及一切时中不善之行。常自见己过，不说他人好恶，是自皈依。常须下心③，普行恭敬，即是见性通达，更无滞碍，是自皈依。"

"何名圆满报身？譬如一灯能除千年暗，一智能灭万年愚。莫思向前④，已过不可得，常思于后，念念圆明⑤，自见本性，善恶虽殊，本性无二。无二之性，名为实性。于实性中，不染善恶，此名圆满报身佛。"

"自性起一念恶，灭万劫善因⑥。自性起一念善，得恒沙恶尽⑦。直至无上菩提，念念自见，不失本念，名为报身。"

"何名千百亿化身？若不思万法，性本如空。一念思量，名为变化。思量恶事，化为地狱，思量善事，化为天堂；毒害化为龙蛇，慈善化为菩萨；智慧化为上界⑧，愚痴化为下方⑨。自性变化甚多，迷人不能省觉⑩。念念起恶，常行恶道；回一念善，智慧即生。此名自性化身佛。"

"善知识！法身本具，念念自性自见，即是报身佛；从报身思量，即是化身佛；自悟自修自性功德，是真皈依。皮肉是色身，色身是舍宅，不言皈依也。但悟自性三身，即识自性佛。"

"吾有一《无相颂》，若能诵持，言下令汝积劫迷罪，一时销灭，颂曰：

迷人修福不修道，只言修福便是道。

布施供养福无边，心中三恶元来造⑪。

拟将修福欲灭罪，后世得福罪还在。

但向心中除罪缘，名自性中真忏悔。

忽悟大乘真忏悔⑫，除邪行正即无罪。

学道常于自性观，即与诸佛同一类。

吾祖惟传此顿法，普愿见性同一体。

若欲当来觅法身，离诸法相心中洗。

努力自见莫悠悠⑬，后念忽绝一世休。

若悟大乘得见性，虔恭合掌至心求。"

师言："善知识！总须诵取，依此修行。言下见性，

虽去吾千里，如常在吾边。于此言下不悟，即对面千

里，何勤远来？珍重好去！"

一众闻法，靡不开悟⑭，欢喜奉行。

译文

惠能大师开示说："什么叫做清净法身佛呢？世间的人们自性本心原来是清净的，外界的万事万物万相都从自我的本性中生起。思虑一切邪恶之事，就会生出邪恶的行为；思虑一切善良之事，就会生出善良的行为。像这种情况，说明一切法都存在于自我的本性之中，就好像天空总是清朗，日月总是明亮，而被飘浮的云朵遮盖之时，上面是明亮的，下面的人世间却是黑暗的。如果忽然遇到风来吹动，云彩被驱散，那么上上下下就都明亮起来，一切景象都显现出来。世间人们的自我本性总是表现出浮游飘动的状态，就如同那天空中时常浮动着的云彩。"

"善知识！智如同太阳，慧如同月亮，智慧就如同太阳、月亮永放光明。如果对外界执著于一切境相，就会被浮云般的妄念覆盖遮蔽住了自我的本性，就不能光明清朗。如果遇到善知识，闻知了真正的佛法，自我驱除了愚迷妄念，内心外境就都通明透彻，在自我的本性中世间万法就全都显现。能识见自我本性的人，也就是如此，这叫做清净法身佛。"

"善知识！自我本心皈依于自我本性，就是皈依了真佛。自我皈依的人，除去了自我本性中的不善良的心、嫉妒憎恨的心、曲意奉承的心、

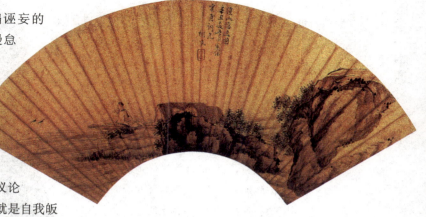

自以为是的心、欺骗诬妄的
心、轻视别人的心、慢怠
他人的心、具有邪见
的心、骄傲自大
的心，以及在
一切时间之
中的不善良
的行为。自己经常
发现自己的过错，不议论
他人的好坏善恶，这就是自我皈

依。要常常让自己之心谦下，对一切人都普遍奉行恭敬，就是识见了
本性，通畅远达，再没有阻滞障碍，这就是自我皈依。"

"什么叫做圆满报身呢？譬如一盏灯能除去千年的黑暗，一个
智慧能灭尽万年的愚迷。不要总是想着从前的事相，已经过去的事相
不可能重新获得，要经常想想今后的事情，时时刻刻保持圆满明达，
自我识见本性，善良与丑恶虽然绝对不同，但人们的本性没有两种之
别。没有两种之别的本性，就叫做真实的本性。在真实的本性之中，
不浸染善与恶的分别，这就叫做圆满通身佛。"

"自我本性中生起一丝恶念，就能灭绝万劫所修得的善因。自我
本性中生起一线善念，就能使得恒河之沙一样多的恶业灭尽。直接成
就无上菩提，时时刻刻见到自心本性，不失掉自性本念，这就叫做报
身。"

"什么叫做千百亿化身呢？如果不去思虑万事万物万相，自心本
性原本就如同虚空，一旦思量一个念头，这就叫做变化。思量丑恶的
事，自心本性就化为地狱，思量善良的事，自心本性就化为天堂；生
起毒害之心就化为凶龙恶蛇，生起慈悲之心就化为救苦菩萨；生起
智慧之时就到达诸天的上界，成为愚昧痴迷之时就落入下方恶道。自
我本性的变化很多，愚昧痴迷的人不能反省觉悟。时时生起恶念，就
常常步入恶道，回转一个善念，智慧就立即生起。这就叫做自性化身
佛。"

"善知识！法身佛原本就存在于自我本性中，时时刻刻对自我本
性自己识见，这就是报身佛；从报身佛去思量变化，这就是化身佛；
自我觉悟，自我修行自我本性的功德，这就是真正的皈依。人们的皮

骨肌肉是色身，色身就像是人的房舍住宅，不能说成是皈依色身啊。只要能觉悟到自我本性中本来具有的三身佛，就是识见了自我本性的佛。"

"我有一则《无相颂》，如果众位能念诵奉持，说话之间能让你们万世所积累的恶业迷罪，立时销毁灭尽，颂说：

愚迷之人只求修行得福不修佛道，
只是言说修行获得福祉就是修道。
布施众人供养僧尼就能得福不尽，
心中的贪嗔痴三恶本是原来所造。
原本打算修行得福想要除灭罪业，
虽然后来获得福祉但是罪业还在。
只要从自我心中除去罪业的因缘，
这就叫做在自我本性中有真忏悔。
急速地悟到大乘佛理的真正忏悔，
除去邪念奉行正道这就是没有罪。
学修佛道时常从自我本性来观察，
这就能与一切佛完全属于同一类。
我的禅宗祖师只传授这顿悟教法，
希望修道者识见自心本性同一体。
如果想要当下前来寻求得到法身，
超离世间的一切法相在自心净洗。
要努力识见自我本性不可慢悠悠，
后来的追求急速地断绝一世皆休。
如果悟到大乘佛法能够识见本性，
虔诚恭敬地双手合十用尽心思求。"

◎唐 石雕菩萨头◎

惠能大师说道："善知识！大家都要念诵记取，依照这则颂语去修行。在说话之时识见本性，你们即使离我有千里之远，也如同经常在我的身边。如果在我讲说之时不能开悟，即使在我的对面也如同有千里之远，哪里还值得劳苦地从远方前来？各自都好好珍重离去吧。"

众人听了惠能大师讲说的佛法，没有人不开悟，欢欢喜喜地遵奉修行。

注释

①浮游：漂浮游动。
②谄曲：曲意巴结奉承。吾我：自以为是，以我为尊。慢：怠慢。
③下心：使自心谦卑。
④向前：从前。
⑤圆明：圆满光明。
⑥善因：获得善果的业因。
⑦恒沙：恒河岸边的沙子。恒河是印度的一条大河，其岸边之沙多而细，难以计量。佛经中用恒沙譬喻无法计算之数，极言其多。
⑧上界：又作"天上界"，六道之一，包括无色界、色界、欲界等诸天。上界位于诸天中的上方之位。
⑨下方：指地狱、饿鬼、畜生三恶道，称之为"三涂"。
⑩省（xǐng）觉：省悟。
⑪三恶：指贪、嗔、痴三种恶心。也是三恶道（地狱、饿鬼、畜生）的省称。
⑫大乘：与"小乘"相对而言。是梵语"摩诃衍"的意译。摩诃之义为大，衍之义为乘，乘车运载之意。佛教认为，开一切智、尽未来际众生化益之教为大乘，比喻修行法门为乘大车。
⑬悠悠：指缓慢。
⑭靡（mǐ）：没有谁，没有哪一个。

述意

　　此段紧承上文，是惠能大师继续为僧俗众人讲说佛法。本段的中心是阐述众生的自我本性中均有三身佛，要识见自我本心中的佛性。首先说明"清净法身佛"。惠能指出，世人的本性原本是清净的，世界的万事万物万相都是从人的本性中生起的。这是佛教对宇宙的认识，是禅宗立论的基础。因而强调皈依自性，除去一切恶念。其次说明"圆满报身佛"。惠能指出，众生的本性没有差别，也不浸染善与恶的差别，所以不要失去本念。如果自我心中生起一念之恶，就灭尽了万劫善因；如果自我心中生起一念之善，就灭了恒河之沙一样多的罪恶。再次说明"千百亿化身佛"。惠能指出，众生如果不思量世界的万事万物万相，本性原是空的，但一有思量，就会发生变化。思量恶则恶，思量善则善。以上三身佛全在自心中，所以要自我开悟，自我修行。最后，惠能大师给众人留下一首《无相颂》的偈语，告诫他们要常念诵、持守，就能灭绝永久的罪业。

经 语 精 华

宋·释道原《景德传灯录·简禅师》："德山以手中扇子再招之,师忽开悟。"

隋·慧远《大乘义章》："佛随众生现种种形,或人或天,或龙或鬼,如是一切,同世色像,不为佛形,名为化身。"

南朝梁·简文帝萧纲《唱导文》："敬由心起,五体所以外恭;情发于中,六识所以单到。故一善染心,万劫不朽。"

南朝梁·释惠皎《高僧传·释慧基》："基既栖止法门,厉行精苦,学兼昏晓,洞解群经。"

明·洪应明《菜根谭》："一念慈祥,可以酝酿两间和气;寸心洁白,可以昭垂万代清芬。"

◎俗　语◎
善根暗长,恶损潜消。

◎成　语◎
万劫不复

机缘品第七

　　机，指时机；缘，指因缘。佛教认为众生皆有善根。时机成熟，生起信佛之缘，而得正果。本品从比丘尼无尽藏述起，至举问"卧轮偈"的僧人，共有十三人向惠能请益。由于他们先前已种善根，机缘成熟而不失时，经过惠能点化开示，都有所契悟，见自心本性。本品在内容上，一是提出了南宗"不立文字"，全凭自我领悟的主旨，二是阐发了"成一切相即，离一切相即佛"等禅宗理念。

师自黄梅得法，回至韶州曹侯村，人无知者。有儒士刘志略①，礼遇甚厚。志略有姑为尼，名无尽藏，常诵《大涅槃经》②。师暂听，即知妙义，遂为解说。尼乃执卷问字。

师曰："字即不识，义即请问。"

尼曰："字尚不识，焉能会义？"

师曰："诸佛妙理，非关文字。"

尼惊异之，遍告里中耆德③，云："此是有道之士，宜请供养。"

有魏武侯玄孙曹叔良及居民，竞来瞻礼④。时，宝林古寺自隋末兵火，已废。遂于故基重建梵宇⑤，延师居之⑥，俄成宝坊⑦。

师住九月余日，又为恶党寻逐⑧，师乃遁于前山，被其纵火焚草木，师隐身挨入石中得免。石今有师趺坐膝痕，及衣布之纹，因名"避难石"。师忆五祖"怀会止藏"之嘱⑨，遂行隐于二邑焉⑩。

◎五代 青铜佛坐像◎

译文

惠能大师从黄梅弘忍大师那里得到传授的衣钵佛法以后，来到韶州曹侯村，那里的人没有知道他的事迹的。曹侯村有个儒生刘志略，对惠能大师礼敬接待十分优厚。刘志略有个姑母出家做了比丘尼，法名叫无尽藏，经常诵念《大涅槃经》。惠能大师听了片刻，就知道这部经中所阐述的深奥的义理，于是就给无尽藏解说其中的义理。比丘尼无尽藏就捧着经卷向惠能大师请问其中文字的读法、意义。

惠能大师说道："这些字我不认识，有关经书中所讲述的义理，请你尽管问。"

比丘尼无尽藏说道："连字都不认识，怎么能领会经中的义理呢？"

惠能大师说道："一切佛法的玄妙义理，都不是与文字相关的。"

　　比丘尼无尽藏听后十分惊讶，认为惠能大师不平凡，就普遍地告诉了乡里年高德劭的人，说道："这个人是个深懂佛道之人，应当请来供养。"

　　乡里有个魏武侯的玄孙曹叔良以及一些在附近居住的百姓，争相前来瞻仰礼敬惠能大师。这时，有一座古时建造的宝林寺，自从隋朝末年遭受兵乱战火，已经废毁了。于是当地人们在原有的地基上重新建造寺院，请惠能大师居住在那里，在很短的时间里，那座寺院就成了著名的佛刹。

　　惠能大师住了九个多月，又被具有野心的一伙恶徒寻踪追逐前来，惠能大师闻声就隐藏到前面的山中，又遭到恶徒们放火焚烧草木，惠能大师把身体挤进山石中间隐藏起来，才得以免去灾难。山石上在今天还留有惠能大师结跏趺坐时膝盖的痕迹，以及衣服上布的纹印，于是给这块石头命名为"避难石"。惠能大师回忆起五祖弘忍大师"逢怀则止，遇会则藏"的嘱咐，于是就到怀集、四会两县的境内隐藏了起来。

注释

①儒士：学习儒家学说的年轻人。

②《大涅槃经》：即大乘《涅槃经》，以阐明佛教教义为主要内容。其著名版本有北本，为北凉·昙无谶所译；南本，为南朝宋·慧观、觉严、谢灵运等参照法显所译《大般泥洹经》本删定整理而成。

③耆（qí）德：年高德劭的人。

④瞻礼：瞻仰礼敬。

⑤梵宇：佛寺的别称。

⑥延：请。

⑦俄：短时间。宝坊：寺院的美称。

⑧恶党：指劫夺惠能所得袈裟的一批恶人。

⑨怀会止藏："逢怀则止，遇会则藏"的略语。这是五祖弘忍传授衣钵时对惠能的嘱咐。怀，指怀集县；会，指四会县。

⑩邑：县。

述意

　　此段记述惠能大师回到韶州曹侯村的一段经历。一是写惠能听尼姑无尽藏诵《大涅槃经》，就悟解了其中深奥玄妙的佛理。二是写当地居民重建宝林寺，请惠能居住。三是写惠能躲过了恶党的追杀，留下了遗迹。在这段文字中，表现了惠能具有很高的悟性，深明佛理，得到信众的崇敬。

经 语 精 华

　　南朝宋·刘义庆《世说新语·赏誉》："初，法汰北来，未知名。王领军（汰）供养之，每与周旋行往来名胜许，辄与俱。"

　　唐·善导《观念阿弥陀佛相海三昧功德法门》："行者若欲坐，先须结跏趺坐，左足安右髀上与外齐，右足安左髀上与右齐，右手安左手掌中，二大指面相合，次端身正坐。"

◎俗　语◎

善人自有天佑。

僧法海，韶州曲江人也①。初参祖师。

问曰："即心即佛，愿垂指谕②。"

师曰："前念不生即心③，后念不灭即佛④。成一切相即心⑤，离一切相即佛⑥。吾若具说，穷劫不尽。听吾偈曰：

> 即心名慧，即佛乃定，
> 定慧等持，意中清净。
> 悟此法门，由汝习性⑦，
> 用本无生，双修是正。"

法海言下大悟，以偈赞曰：

> "即心元是佛，不悟而自屈，
> 我知定慧因⑧，双修离诸物。"

译文

　　僧人法海，是韶州曲江人。初次参见礼拜六祖惠能大师。

　　法海问道："即心即佛是什么意思，希望您能给予指示教诲。"

　　惠能大师说道："对以前所生起的念头不再留恋，这就是即心，对以后将生起的念头不去灭除，任其显现，这就是即佛。能成万事万物万相等一切相的，这就是即心，能超离万事万物万相等一切相的，这就是即佛。我如果给你全部具体地讲说，就是用尽万劫的时间也讲说不完。还是听我说的偈语吧。偈语说：

> 不再留恋已生之念叫做慧，将生之念任其显现就是定，
> 禅定和智慧全都同样持守，自我的内心之中一派清净。
> 开悟我所传授的这个法门，凭你先前研习所修成的性，
> 性的作用本不是从外生成，双修禅定和智慧才是正宗。

　　法海在听完偈语之后，立即大大开悟，用一则偈语赞叹说：

> 不留恋已生之念原本是佛，不能开悟那就是自我错误，
> 我现在已经了解定慧因缘，定慧双修才超离万事万物。

注释

①曲江：县名，属广东省，以浈水回曲为名。旧治在今韶关市南。

②垂：赐予。

③前念不生：前一个意念已经消失，不要再留恋过去，期望它再生，即对自己的思维活动不须执著。念，意念，念头。

④后念不灭：指对将要出现的念头不必灭除，任其自然出现，即不须故意压制自己的思维活动。

⑤一切相：指一切外在的事物、现象。即心：由心生成。

⑥即佛：达到了觉悟。

⑦习性：以前研习所修成的性。又称"习种性"。

⑧因：因缘。

述意

　　此段记述惠能大师回答僧人法海的问题，其中心是不留恋过去，超离世间万事万物，永葆自心的清净，做到定、慧双修。其深湛的意蕴用一首偈语概括下来。僧人法海立即领悟，也用一首偈语答之。

　　宋·释本觉《释氏通鉴·韶国师》："又有问如何是曹溪一滴水？（法）眼曰：'是曹溪一滴水。'韶闻乃大悟，平生疑滞，涣若冰释。"

　　宋·释道原《景德传灯录·明州大梅山法常禅师》："初参大寂，问如何是佛。大寂云：'即心是佛。'师即大悟。"

僧法达,洪州人^①,七岁出家,常诵《法华经》^②。来礼祖师,头不至地。

师诃曰:"礼不投地,何如不礼?汝心中必有一物。蕴习何事耶?^③"

曰:"念《法华经》,已及三千部^④。"

师曰:"汝若念至万部,得其经意,不以为胜,则与吾偕行。汝今负此事业^⑤,都不知过。听吾偈曰:

礼本折慢幢^⑥,头奚不至地^⑦;

有我罪即生,亡功福无比^⑧。"

师又曰:"汝名什么?"

曰:"法达。"

师曰:"汝名法达,何曾达法?"

复说偈曰:

"汝今名法达,勤诵未休歇,

空诵但循声^⑨,明心号菩萨。

汝今有缘故,吾今为汝说,

但信佛无言,莲华从口发。"

达闻偈,悔谢曰^⑩:"而今而后,当谦恭一切。弟子诵《法华经》,未解经义,心常有疑。和尚智慧广大,愿略说经中义理。"

师曰:"法达,法即甚达,汝心不达。经本无疑,汝心自疑。汝念此经,以何为宗?"

达曰:"学人根性暗钝,从来但依文诵念,岂知宗趣^⑪。"

师曰:"吾不识文字,汝试取经诵一遍,吾当为汝解说。"

法达即高声念经,至《譬喻品》^⑫。

师曰:"止!此经元来以因缘出世为宗^⑬。纵说多种譬喻,亦无越于此。何者因缘?经云:'诸佛世尊,唯以一大事因缘,出现于世。'一大事者,佛之知见也^⑭。"

"世人外迷著相,内迷著空。若能于相离相,于空离空,即是内外不迷。若悟此法,一念心开,是为开佛知见^⑮。"

"佛,犹觉也。分为四门:开觉知见,示觉知见,悟觉知见,入觉知见。若闻开示,便能悟入,即觉知见,本来真性而得出现。"

"汝慎勿错解经意:见他道开、示、悟、入,自是佛之知见,我辈无分。若作此解,乃是谤经毁佛也。彼既是佛,已具知见,何用更开?汝今当信佛知见者,只汝自心,更无别佛。盖为一切众生,自蔽光明,贪爱尘境^⑯,外缘内扰，甘受驱驰，便劳他世尊⑰，从三昧起，种种苦口⑱，劝令寝息，莫向外求，与佛无二，故云开佛知见。吾亦劝一切人，于自心中，常开佛之知见。世人心邪，愚迷造罪，口善心恶，贪嗔嫉妒，谄佞我慢⑲，侵人害物，自开众生知见⑳。若能正心，常生智慧，观照自心，止恶行善，是自开佛之知见。"

"汝须念念开佛知见，勿开众生知见，开佛知见，即是出世。开众生知见，即是世间。汝若但劳劳执念，以为功课者㉑，何异牦牛爱尾㉒？"

达曰："若然者，但得解义，不劳诵经耶？"

师曰："经有何过，岂障汝念？只为迷悟在人，损益由己。口诵心行，即是转经㉓。口诵心不行，即是被经转。听吾偈曰：

心迷法华转㉔，心悟转法华。

诵经久不明，与义作仇家。

无念念即正，有念念成邪。

有无俱不计，长御白牛车㉕。"

达闻偈，不觉悲泣，言下大悟，而告师曰："法达从昔已来，实未曾转法华，乃被法华转。"再启曰："经云：'诸大声闻乃至菩萨，皆尽思共度量，不能测佛智。'今令凡夫但悟自心，便名佛之知见，自非上根，未免疑谤。又经说三车㉖，羊鹿牛车与白牛之车，如何区别？愿和尚再垂开示。"

师曰："经意分明，汝自迷背。诸三乘人㉗，不能测佛智者，患在度量也。饶伊尽思共推㉘，转加悬远。佛本为凡夫说，不为佛说。此理若不肯信者，从他退席。殊不知坐却白牛车，更于门外觅三车。况经文明向汝道：唯一佛乘，无有余乘，若二若三，乃至无数方便，种种因缘、譬喻言词，是法皆为一佛乘故。汝何不省！三车是假，为昔时故；一乘是实，为今时故。只教汝去假归实，归实之后，实亦无名。应知所有珍财，尽属于汝，由汝受用。更不作父想㉙，亦不作子想㉚，亦无用想㉛，是名持《法华经》。从劫至劫，手不释卷，从昼至夜，无不念时也。"

达蒙启发，踊跃欢喜。以偈赞曰：

"经诵三千部，曹溪一句亡。

未明出世旨，宁歇累生狂？

羊鹿牛权设，初中后善扬㉜。

谁知火宅内㉝，元是法中王㉞。"

师曰："汝今后方可名念经僧也。"

达从此领玄旨，亦不辍诵经。

译文

　　僧人法达，是江西洪州人，他七岁出家为僧，常常诵念《法华经》。他前来礼拜六祖惠能大师，却在行礼的时候，头不触到地面。

　　惠能大师呵斥他说："行礼之时却头不触到地面，哪里比得上不来行礼？你的心中必定执著于一种事物。你平时都修习什么呢？"

　　法达回答说："我念诵《法华经》，已经达到三千部了。"

　　惠能大师说道："你如果念诵到一万部，而且能够领经文的大义，却不自以为很好了，那么就同我一道修行。你如今竟以达到这个  事业而自负傲慢，却一点儿都不知道自己的罪过。听听我的偈语吧。偈语说：

◎元　铜度母半跏趺像◎

　　　　　礼拜本是消除经幢高般傲慢，
　　　　　参拜行礼却为什么头不至地？
　　　　　心中只有自我罪业立即生起，
　　　　　不记住自己之功福祉会无比。"

　　惠能大师又问道："你叫什么名字？"

　　法达回答说："叫法达。"

　　惠能大师说道："你的名字叫法达，可是你哪里曾经通达佛法？"

　　大师又说了一则偈语：

　　　　　"你如今的名字叫做法达，
　　　　　勤奋念诵经文未曾歇下，
　　　　　只是发出声音空自念诵，
　　　　　唯有心中明白才叫菩萨。
　　　　　由于你现在与佛法有缘，
　　　　　我现在来为你讲说佛法，
　　　　　只要信仰佛可以不说话，
　　　　　莲花也能够从口中绽发。"

　　法达听了偈语之后，后悔方才的傲慢，向惠能大师道歉说："从今往后，我会对一切众生持有谦恭的态度。弟子我虽然念诵《法华经》，却没有真正解悟此经的重要义理。心中时常存有疑惑。和尚您的智慧广大无边，希望简要地给我此经的义理。"

惠能大师说道："法达，佛法是十分明达的，只是你的心性愚迷就不能对佛法明达。佛经本来是不存在疑惑的，是你在心中自己生起了疑惑。你念诵这部《法华经》，认为什么是它的宗旨？"

法达回答说："我这个学习佛法的人，根器禀性晦暗愚钝，从来只是依照文字来念诵，何曾知道经文中蕴含的宗旨和义趣。"

惠能大师说道："我不认识字，你去把《法华经》取来，试着念诵一遍，我会来给你解释讲说的。"

法达就高声地念诵经文，一直念诵到《譬喻品》。

惠能大师说道："停下来！这部佛经原本以如来以因缘出现于世间为宗旨。虽然讲说了许多种譬喻，也没有超越这个宗旨。什么样的做法是因缘？佛经上说：'一切佛，都只是为了一件大事的因缘，才出现在人世间的。'这一件大事，就是佛的真知灼见。"

"世间之人在外愚迷执著于外境的万相，在内心又执迷于虚妄的空。如果能够在万相之中又超离万相，在一切空中又超离一切空，那就是在内心在外境都不执迷。如果领悟到这个法门，一念之间，顿然心中开悟，这就是自我开悟佛的知见。"

"佛，就是觉悟。可以分为四门：开启觉知之见，指示觉知之见，证悟觉知之见，深入觉知之见。如果听到开示，就能证悟深入，这就是觉知之见，原本具有的真如佛性从而得以出现。"

"你一定要慎重，不要错误地理解佛经的深意：听他讲解开、示、悟、入四门觉知之见，认为这本是佛的知见，与我们这一班人

◎少林寺里的六祖堂◎

没有关系。如果作这样的理解，那就是诽谤佛经诋毁佛祖啊。他既然是佛，已经具有知见，哪里用得着再开悟？你现在应当相信的知见，只是你自己的心中，再没有别的佛。原来一切众生，自我遮蔽了智慧的光明，贪恋衷爱尘世的万境，外境束缚，内妄侵扰，自我甘愿承受这一切尘世的驱赶而奔驰，这就

烦劳佛祖世尊，从三昧起始，采用种种婆心苦口，劝诫众生，使他们停止妄念止息妄心，不要向心外去求取，这就与佛没有二致，因此说是开悟佛的知见。我也劝告一切世人，在自我本心之中，经常开悟佛的知见。世间之人心存邪念，愚昧痴迷，造作罪业，口头上说行善，内心中却生恶，贪婪嗔怒，嫉妒他人，巧言谄媚，自以为是，对人傲慢，侵犯别人，伤害生物，以上这些就都要开悟众生的知见。如果能使自心端正，时常生起智慧，观察明照自我的本心，断绝恶念，奉行善事，这就是自我开悟佛的知见。"

"你必须时时刻刻开悟佛的知见，不要开启众生的世俗知见，这就是出离世俗。开启了众生的知见，就是仍在世间之中。你如果只是辛苦劳碌地执迷于众生之念，认为这是在修行立功德，这和牦牛爱惜它的尾巴有什么区别呢？"

◎元 鎏金铜忿怒明王像◎

法达说道："如果像您所说的这样，只要能理解佛法大义，就不必辛苦地念诵经文了吗？"

惠能大师说道："佛经有什么过错，难道会妨碍你念诵了？只是愚迷和开悟全在于你个人，减损和增益全由你自己决定。口头上念诵佛经，内心中开悟奉行，这才是在念诵之时运转佛经。口头上念诵，内心中却不奉行，就是被佛经运转了。倾听我的偈语吧，偈语说：

内心愚迷就会被《法华经》运转，内心开悟就运转经书《法华》。
念诵经文却长久不明白经义，这就与佛经大义成为了仇家。
内心之中没有执念就是纯正，如果心中有了执念就成偏差。
有念和无念全都不斤斤计较，获得佛的智慧如乘白牛车驾。"

法达听了偈语之后，不自觉地悲伤哭泣起来，在惠能大师说法之时大大开悟，就禀告大师说："法达我从过去以来，确实是未曾运转过《法华经》的义理，只是被《法华经》的文字运转着。"又启禀说："佛经上说：

'一切大声闻乃至菩萨，全都费心思索和度量，也不能测知佛的智慧。'现在让普通的凡人只要开悟自心的本性，就说是佛的知见，如果不是上等根器的人，就不能免除对这种说法的怀疑和诽谤。此外，佛经上说过三种车乘，羊车、鹿车、牛车，还有白牛车，对它们应该怎样区别？希望大和尚再赐予开导和明示。"

惠能大师说道："佛经中的意思清楚明白，是你自己愚昧迷惑，违背经义。那些众多的三乘之人，是不能测知佛的智慧的，他们的错误在于自己去揣测度量啊。尽管他们用尽心思共同推测，反而离佛的智慧更加遥远。佛原本是为平常百姓

讲说佛法的，不是为佛自己说的。对这个道理如果不肯相信的人，听凭他退出席位。他们完全不知道自己已经乘坐上了白牛车，仍然在门外寻找羊车、鹿车、牛车这些车。况且经文明白地向你说：只有唯一的佛乘，没有其他的佛乘，如果有第二个以至无数个方便法门，各种各样的因缘，用作譬喻的词语句子，这些方法都是为了说明一佛乘的缘故。你为什么不能省悟。所说的羊车、鹿车、牛车三车是个借用的说法，是为了给从前愚迷众生作个比喻的缘故；唯有这一乘大白牛车是真实的，是为当今之人设置的缘故。这只是要教诲你除去虚空的假相，回归本来的真实，回归原本的真实之后，真实本身也不存在了，也不可执著。你应该知道珍宝财富，都属于你，

由你享用。更不要产生这些珍宝财富是属于你父亲的想法，也不要产生这些珍宝财富是属于你儿子的想法，也不用想这些是珍宝财富，这才叫做奉持《法华经》。如果达到这个境界，就是从前一劫至后一劫的极其漫长的时间里，都手放下经卷，从白天到深夜，没有不是念诵《法华经》的时候了。"

法达受到了启发，高兴地跳跃起来，用一首偈语称赞说：

"诵念佛经已是多达三千部，曹溪惠能大师一句话消光。

我自己没有明白出世宗旨，难道会停止下终生的轻狂？

羊车鹿车牛车是权且假设，初善中善后善才能够发扬。

有谁知道置身燃烧的火宅，原来是证得菩提的法中王。"

惠能大师说道："你从今以后才能叫做念经僧人啊。"

法达从此领悟了《法华经》玄妙的旨义，也没有停止念诵经文。

注释

①洪州：今江西南昌市。

②《法华经》：全称《妙法莲华经》。华，同"花"。此经以宣扬三乘归一为宗旨，自以其法微妙，如同莲花居尘不染，故名。此经以后秦鸠摩罗什的译本最为通行。

③蕴习：自己修习，修行。

④三千部：极言经卷之多。

⑤负：自负，自以为了不起。

⑥折：消除。幢（chuáng）：佛教的经幢。在圆筒形绸缯上写经的叫经幢，在石柱上刻经的叫石幢。经幢又称"宝幢"、"天幢"、"法幢"，用于佛像前及道场上，以示庄严。偈中以"慢幢"比喻傲慢之心如同高耸的经幢。慢，骄傲自满。

⑦奚：同"何"，为什么。

⑧亡（wū）：同"无"。

⑨循声：按声诵念。

⑩谢：谢罪，道歉。

⑪宗趣：宗旨意趣。

⑫《譬喻品》：《法华经》二十八品中的第三品。

⑬出世：指诸佛出现于世间成佛。也指众生出离尘世不再受生死之苦。

⑭知见：真知正见。即依自己的思虑而确立的正确见解。

⑮开佛知见：开悟佛的知见。语出《法华经·方便品》。

⑯尘境：指心的对象，是六尘之心所对的，即眼、耳、鼻、舌、身、意等感官相对的色、声、香、味、触、法六境。

⑰世尊：佛教对释迦牟尼的尊称。梵语"路迦那他"、"薄加梵"的意译。

⑱种种苦口：针对不同的情况，采用不同的方法进行教化。

⑲我慢：以自我为中心而形成的傲慢之心。

⑳众生知见：指凡夫俗子生起烦恼的见解。

㉑功课：佛教指念佛、诵经、布施等修道立功德。

㉒犛（lí）牛爱尾：不放弃自己的欲望，如同犛牛爱惜自己的尾巴。语出《法华经·方便品》。犛牛，即牦牛。

㉓转经：只诵读一部佛经的开头、中间、后面的几行，或者只翻佛经的书页拟作诵读之状，称为转经，又称"转读"。转，诵读。从头至尾完整地诵读一部佛经，称为真读。

㉔心迷：心中不明白经义。

㉕御：驾驶，此指乘坐。白牛车：《法华经》用"白牛车"譬喻"一佛乘"，即获得了佛的智慧。《坛经》借此说明禅宗教义。

㉖三车：指羊车、鹿车、牛车。用羊车比喻声闻乘，好像一辆小小的羊车不能乘载货物，因而只能自度，不能度别人。用鹿车比喻缘觉乘，好像一辆鹿车能乘载少许货物，因而能自度，并兼度亲属。用牛车比喻大乘（菩萨乘），好像一辆大牛车能乘载许多货物，因而不仅能自度，而且能普度众生。

㉗三乘：指声闻乘（又称小乘）、缘觉乘（又称中乘）、菩萨乘（又称大乘）。声闻乘可证阿罗汉果，缘觉乘可证辟支佛果，菩萨乘可证无上佛果。

㉘饶：尽管。伊：他。

㉙父：指《法华经》所讲的"大富长者"，他曾把财产分给儿子们。此句意为所有财宝（喻指佛性）都是自己本有的，不必认为是大富长者（喻指佛）的。

㉚子：大富长者之子，此处指众生。此句意为不须认为财富（佛性）是别人的。

㉛用想：指自心的念想。此句意为父想、子想、用想都不要执著，即连想也不用想。禅宗不仅主张不必到身外寻求佛性，而且主张要破除向自心寻求佛性的念头，因为这也是一种执著。

㉜初中后善：初善指羊车，中善指鹿车，后善指牛车。

㉝火宅：比喻迷界众生居住的三界。此语出自《法华经·七喻品》中的"火宅喻"。众生在三界之中，遭受各种迷惑之苦，却还不自知置身苦中，比如房屋失火，而屋中的小孩儿仍不知已身处火宅。

㉞法中王：指长时间修行之后证得无上菩提的修行之人。

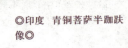

◎印度 青铜菩萨半跏趺像◎

述意

　　此段记述惠能大师为僧人法达讲说佛法，开示他自心悟佛。首先，惠能教诲法达应该谦恭有礼，不应因念《法华经》三千部就傲慢无礼。其次，惠能告诫法达，修佛成道，不只是口头上念诵经文，重要的是自心开悟，悟道成佛。再次，惠能依据法达所诵的《法华经》，为他解说其中的深奥佛理。修行佛道一定要心内心外都不执迷，能在世间万相中超离万相，能在虚空中超离虚空。又次，惠能说明要排除内外一切干扰，在自我的心中开悟佛的知见，佛在心中，不须外求。最后，惠能告诉法达和众生，修行佛道首要的是正心，止恶行善，绝不能口善心恶，愚迷造罪。

　　《不空罗索神变真言经·大奋怒王品》："内院当中画大金轮，当轮心上宝莲花座上，释迦牟尼如来作说法相，面西而坐。"

　　唐·段成式《酉阳杂俎·寺塔记》："素公不出院，转《法华经》三万七千部。……长庆初，庭前牡丹一朵合欢，有僧玄幽题此院诗：'三万莲经三十春，半生不踏院门尘。'"

　　明·吕坤《呻吟语》："士君子只求为四真：真心、真口、真耳、真眼。真心无妄念，真口无杂语，真耳无邪闻，真眼无错误。"

◎ 俗　语 ◎
求心内之佛，却心外之法。

◎ 成　语 ◎
手不释卷

僧智通[1]，寿州安丰人[2]，初看《楞伽经》[3]，约千余遍，而不会三身四智[4]。礼师求解其义。

师曰："三身者，清净法身，汝之性也；圆满报身，汝之智也；千百亿化身，汝之行也。若离本性，别说三身，即名有身无智[5]。若悟三身无有自性[6]，即名四智菩提。听吾偈曰：

自性具三身，发明成四智。

不离见闻缘，超然登佛地。

吾今为汝说，谛信永无迷[7]。

莫学驰求者，终日说菩提。"

通再启曰："四智之义，可得闻乎？"

师曰："既会三身，便明四智，何更问耶？若离三身，别谈四智，此名有智无身，即此有智，还成无智。"复说偈曰：

"大圆镜智性清净，平等性智心无病，

妙观察智见非功，成所作智同圆镜。

五八六七果因转[8]，但用名言无实性[9]，

若于转处不留情，繁兴永处那伽定[10]。"

通顿悟性智[11]，遂呈偈曰：

"三身元我体，四智本心明；

身智融无碍，应物任随形[12]。

起修皆妄动，守住匪真精[13]；

妙旨因师晓，终亡染污名[14]。"

译文

僧人智通，是寿州安丰人，起初阅读《楞伽经》，大约阅读了一千多遍，但是没有领会三身四智的意思。就去参礼惠能大师，请求讲解其中的深义。

惠能大师说道："三身，其中第一是清净法身，这是你自心的本性；第二是圆满报身，这是你本有的智慧；第三是千百亿化身，这是你自身的行为。如果离开了自心的本性，另外讲说三身，就叫做有身无智。如果悟到了三身，却没有自心的本性，就叫做四智菩提。听我的偈语吧：

自心的本性中就具有三身，心中开悟明白就成就四智。

不离开所见所闻的佛因缘，就超离尘世登上佛的圣地。

我现在为你讲说经文大义，真诚相传佛理永远不愚迷。

不要学那到心外求法的人，只是整天地口头上念菩提。"

智通又问道："四智的义理，能讲给我听听吗？"

惠能大师说道："既然领会了三身的含义，就明白了四智的义理。为什么还要再问呢？如果离开了三身，还另外谈论四智，这叫做有智无身，就是自身具有这个智慧，却表现出没有智慧。"

大师又说了偈语：

"具有大圆镜智自我的本性就清净，

具有平等性智自我的心中就没病。

具有妙观察智能识见不平凡之功，

具有成所作智心地明净如同圆镜。

五八六七之识分为果上转因中转，

只使用其名说来却没有真如实性。

如果在因果运转中不留下尘世情，

佛心繁荣兴盛就永远处于那伽定。"

智通顿悟了在自心本性上讲说三身四智的道理，于是就呈上自己所作的偈语：

"三身原本就是自我具有之体，四智原本就是自心所有光明。

自身和自智融汇圆通无障碍，顺应外境万物一切任其随形。

故意生心修行都是妄念在动，固守坚住自心那也不是真精。

玄妙义旨大师讲说我才明白，终于去掉了浸染沾污的名声。"

注释

①智通：唐代禅宗僧人。宋代释道原所编《景德传灯录》卷十载：智通以智常为师，向他参礼求法，在一天的夜间，智通突然大喊："我已大悟也。"第二天，智常问他，他回答说："师姑天然是女人作。"智常许之。后来智通住在五台山法华寺。圆寂之前说出偈语："举手攀南斗，回身依北辰，出头天外看，谁是我般人。"

②寿州：隋代设置，今安徽寿县。安丰：寿州所属县名，在今安徽霍丘县西。

③《楞伽经》：全称《楞伽阿跋多罗宝经》，又译为《大乘入楞伽经》。楞伽是师子国山名，佛祖释迦牟尼在此山说法。此经的主旨在于提出名、相、妄想、正智、如如等五法，遍计、依他、圆成等三性，眼、耳、鼻、舌、身、意、末那、阿赖耶等八识，讲说宇宙一切事物都是自心所见，虚假不实，认为心是认识世界一切的根本，要建立一个不生不灭的涅槃境界。此经是禅宗、法相宗、法性宗的理论依据。

④会：领会，领悟。四智：四种智慧。是法相宗所立如来的四智。一般人有八识，到如来之时转为四智，分别是大圆镜智、平等性智、妙观察智、成所作智。

⑤有身无智：禅宗认为四智不离本性，如果离开本性而说三身，所说的只能是不起智慧作用的空洞名词，不是真正的三身，因而离开自我的本性，一切都是虚幻的。

⑥三身无有自性：此句意为三身是从一个自我的本性而生的。

⑦谛信：相信佛理。谛，真实无谬的道理。

⑧五八六七果因转：五，指"八识"中前五识的眼、耳、鼻、舌、身对色、声、香、味、触的五尘，能起五种识。八，指"八识"中的第八识，又叫阿赖耶识。六，指"八识"中的第六识，即意识。七，指"八识"中的第七识，又叫末那识。前五识及第八识属于果，它们必需到成就佛果时才能转为成所作智和大圆镜智，所以叫"果上转"。第六、第七识属于因，它们能在未成佛果前就转为妙观察智和平等性智，所以叫"因中转"。

⑨实性："真如"的异名。

⑩那伽定：龙定止于深渊叫做那伽定，故意译为"龙"，含有"定"的意思。

⑪性智：从自我本性上讲三身和四智的理论。

⑫应物：适应外物。

⑬匪：通"非"，不是。

⑭亡：同"无"，没有。

述意

此段记述僧人智通向惠能大师请求讲解《楞伽经》中"三身四智"的义理。惠能首先阐明了三身的内涵，接着开示智通，三身存在于自我本性之中，不能脱离本性修行三身，求佛性不能向心外去觅求。其次，惠能回答智通所问的四智之义。四智与三身是一体的，不能离开三身空谈四智。惠能用两首偈语概括了三身四智的精髓，智通用一首偈语表达了他的顿悟。

经 语 精 华

《楞严经》："若从根出，必无离、合、违、顺四相。"

《药师经》："又信世间邪魔外道，妖孽之师妄说祸福，便生恐动，心不自正。"

◎俗 语◎
万象皆空幻，达人须达观。

◎成 语◎
任物随形

僧智常①，信州贵溪人②。髫年出家③，志求见性。一日参礼。

师问曰："汝从何来？欲求何事？"

曰："学人近往洪州白峰山礼大通和尚④，蒙示见性成佛之义，未决狐疑。远来投礼，伏望和尚慈悲指示。"

师曰："彼有何言句？汝试举看。"

曰："智常到彼，凡经三月，未蒙示诲。为法切故，一夕独入丈室⑤，请问如何是某甲本心本性⑥。大通乃曰：'汝见虚空否？'对曰：'见！'彼曰：'汝见虚空有相貌否？'对曰：'虚空无形，有何相貌？'彼曰：'汝之本性，犹如虚空，了无一物可见⑦，是名正见；无一物可知，是名真知。无有青黄长短，但见本源清净，觉体圆明，即名见性成佛，亦名如来知见。'学人虽闻此说，犹未决了，乞和尚开示。"

师曰："彼师所说，犹存见知，故令汝未了⑧。吾今示汝一偈：

不见一法存无见⑨，大似浮云遮日面。

不知一法守空知⑩，还如太虚生闪电⑪。

此之知见瞥然兴，错认何曾解方便⑫。

汝当一念自知非，自己灵光常显现⑬。"

常闻偈已，心意豁然，乃述偈曰：

"无端起知见，著相求菩提⑭，

情存一念悟⑮，宁越昔时迷⑯？

自性觉源体，随照枉迁流⑰。
不入祖师室，茫然趣两头⑱。"

智常一日问师曰："佛说三乘法⑲，又言最上乘⑳，弟子未解，愿为教授。"

师曰："汝观自本心，莫著外法相。法无四乘㉑，人心自有等差。见闻转诵是小乘，悟法解义是中乘，依法修行是大乘。万法尽通，万法俱备，一切不染，离诸法相，一无所得，名最上乘。乘是行义，不在口争，汝须自修，莫问吾也。一切时中，自性自如。"

常礼谢执侍，终师之世。

译文

　　僧人智常，是信州贵溪人。幼年的时候就出家为僧了，立下志向要求得识见自心本性。有一天，他前来参见礼拜惠能大师。

　　惠能大师问道："你从哪里来的？想要求问什么事？"

　　智常回答道："我这个学习佛法的人，最近前往洪州的白峰山参见礼拜大通和尚，承蒙他开示识见自我本性、成就佛道的义理，但是还没有解除我心中的疑问。所以从远处前来投奔大师敬礼参拜，跪伏在地，乞望和尚大发慈悲，给我指导开示。"

　　惠能大师说道："那位大通和尚有什么话语？你选择一些列举出来给我听听看。"

　　智常回答说："智常我到大通和尚那里，大约过了三个月，还没有承受到他的开示和教诲。有一天傍晚，我独自一人进入到方丈的居室，请教他什么是我个人的本心本性。大通和尚就问我：'你见到虚空了还是没有见到？'我回答说：'见到了。'他又问：'你见到虚空有形相状貌还是没有？'我回答说：'虚空是无形的，哪里有什么形相状貌？'他说道：'你的自心本性，就好像虚空，根本就没有一个物体可以识见，这叫做正见；没有一个物体可以认知，这叫做真知。世间本没有青色黄色、长的短的，只见到自心的本源是清净的、智慧的，本体是圆融通明的，这就叫做识见本性成就佛道，也叫做如来知

见.'我这个学习佛道的人虽然听了这种讲说,却还是没有明了,没有解除疑问,乞请大和尚开悟指示。"

惠能大师说道:"那么大通大师所讲说的道理,还是存在着见知,所以让你没有明了通达。我现在送你一则偈语,为你开示。偈语说:

> 了无一物可见心中也不应存无见,
> 这就好像乌云浮空遮住太阳的脸。
> 了无一物可知固守空知也是执著,
> 这就好像天空之中无端生出闪电。
> 这种所知和所见心中很快地生起,
> 错误地认知怎么能理解佛的真谛。
> 你应当在一刹那间自己知道错误,
> 那么你自己心中的佛光常常显现。"

智常听了大师的偈语之后,心中豁然开悟,就讲述了自己所作的偈语,说道:

> "没有理由生起了有知有见,
> 就执著于万相去寻求菩提。
> 内心存在着一个悟的念头,
> 难道能够超越先前的愚迷?
> 自我本性是觉悟的发源体,
> 随着时光的推移白白迁流。
> 若不是进入六祖大师之室,
> 仍然是茫然无知奔走于两头。"

有一天,智常请教惠能大师,说道:"佛说有声闻乘、缘觉乘、菩萨乘三乘教法,又说了成佛方法的最上乘,弟子对佛的讲说还没有解悟,希望您给我教诲传授。"

惠能大师说道:"你观照你自己的本心,不要执著于外境万事万相。佛法原本没有四乘之分,是人们的心中自己有了等级差别。能够见到听讲佛经并且转为念诵的是小乘法,领悟佛法并能解说佛经义理的是中乘法,能够遵照佛法修行的是大乘法。一切教法都能明晓通达,一切教法全都自心具备,一切外境不去沾染,超离一切事物众相,对一切都不去追求获得,这就叫做最上乘。乘是修行的意思,不在于口头上的争执,你必须自己修行,不要再问我了。在一切时间之中,自我的本性都自如存在。"

智常行礼拜谢,并且执弟子之礼,侍奉惠能大师,一直到大师逝世。

①智常：唐代僧人。据宋·释道原所编《景德传灯录》卷十载，智常曾为僧智通讲说佛法。

②信州：今江西上饶市。贵溪：今江西贵溪县，唐代属信州。

③髫（tiáo）年：幼年。髫，古代小孩儿头上扎起来而下垂的短发。

④洪州：今江西南昌市。大通和尚：禅宗五祖弘忍大师的弟子神秀上座的谥号。

⑤丈室：寺院中住持僧人所居的屋子。丈，方丈的略称。

⑥某甲：某人，这里指称自己。

⑦了无：完全没有。

⑧了：明白，明了。

⑨不见一法：指上文大通和尚所讲的"了无一物可见"。此句说，既不见到一物，也不存"无见"于心中，如果这样，将会阻碍明心见性。

⑩不知一法：指上文大通和尚所讲的"了无一物可知。"守空知：指认为真有"无一物可知"，这是一种执著，惠能大师反对执著于心。

⑪太虚：天空。

⑫方便：佛教指因人施教，诱导之使领悟佛的真谛。

⑬灵光：佛光。

⑭著相：执著于万事万相。此指对"存无见"和"守空知"的执著。

⑮情存一念悟：如果内心存在一个"悟"的念头，即自己认为"悟了"。

⑯宁：难道。迷：愚迷。

⑰照：指时光。枉：白白地，徒然地。

⑱两头：指上文弘忍大师所讲的"存无见"和"守空知"。

⑲三乘：指声闻、缘觉、菩萨三乘。

⑳最上乘：指大白牛车，比喻得佛乘的人。

㉑四乘：指上述三乘加上佛乘即为四乘。

◎唐 鎏金铜佛坐像◎

述意

　　此段记述僧人智常向惠能大师请教"见性成佛"的含义。智常先转述了大通和尚的阐释，大通认为修行时应有正见、真知。惠能指出，大通的阐释仍存在着知见，所以使智常未能明了通达。惠能用一首七言八句的偈语为其开示：既不见一物，也不存无见；无物可知，也不固守空知。其次，惠能又为智常解释佛说四乘之义。佛法本无四乘，是人心有了等级差别，重要的是自我修行本性。

经 语 精 华

　　《法华经·序德》："尽诸有结，心得自在。"注："不为三界生死所缚，心游空寂，名为自在。"

　　宋·释道原《景德传灯录·弘辩禅师》："帝（唐宣宗）问曰：'何为方便？'对曰：'方便者，隐实覆相，权巧之门也。被接中下，曲施诱迪，谓之方便。'"

　　宋·释普济《五灯会元·洪州百丈山怀海禅师》："灵光独耀，迥脱根尘。"

◎ 俗 语 ◎

执著是苦海，解脱是仙乡。

◎ 成 语 ◎

浮云遮日

僧志道，广州南海人也①。请益曰："学人自出家，览《涅槃经》十载有余②，未明大意，愿和尚垂诲。"

师曰："汝何处未明？"

曰："'诸行无常③，是生灭法；生灭灭已，寂灭为乐④。'于此疑惑。"

师曰："汝作么生疑？"

曰："一切众生皆有二身，谓色身法身也⑤。色身无常，有生有灭；法身有常，无知无觉。经云：'生灭灭已，寂灭为乐'者，不审何身寂灭⑥？何身受乐？若色身者，色身灭时，四大分散⑦，全然是苦，苦不可言乐。若法身寂灭，即同草木瓦石，谁当受乐？又法性是生灭之体，五蕴是生灭之用⑧；一体五用，生灭是常。生则从体起用，灭则摄用归体。若听更生，即有情之类，不断不灭。若不听更生，则永归寂灭，同于无情之物。如是，则一切诸法被涅槃之所禁伏⑨，尚不得生，何乐之有？"

师曰："汝是释子⑩，何习外道断常邪见⑪，而议最上乘法？据汝所说，即色身外别有法身，离生灭求于寂灭。又推涅槃常乐，言有身受用。斯乃执吝生死，耽著世乐。汝今当知佛为一切迷人，认五蕴和合为自体相⑫，分别一切法为外尘相，好生恶死，念念迁流，不知梦幻虚假，枉受轮回⑬，以常乐涅槃，翻为苦相，终日驰求。佛愍此故⑭，乃示涅槃真乐，刹那无有生相，刹那无有灭相，更无生灭可灭，是则寂灭现前。当现前时，亦无现前之量，乃谓常乐。此乐无有受者，亦无不受者，岂有一体五用之名？何况更言涅槃禁伏诸法，令永不生，斯乃谤佛毁法。听吾偈曰：

无上大涅槃，圆明常寂照。

凡愚谓之死；外道执为断。

诸求二乘人，目以为无作；

尽属情所计，六十二见本⑮。

妄立虚假名，何为真实义？

惟有过量人，通达无取舍。

以知五蕴法，及以蕴中我，

外现众色象，一一音声相，

平等如梦幻，不起凡圣见。

不作涅槃解，二边三际断⑯。

常应诸根用，而不起用想；

分别一切法，不起分别想。

劫火烧海底，风鼓山相击，

真常寂灭乐，涅槃相如是。

吾今强言说，令汝舍邪见，

汝勿随言解，许汝知少分。"

志道闻偈大悟，踊跃作礼而退。

译文

　　僧人志道，是广州南海人。他向惠能大师请求给予教诲，说道："我这个学习佛法的人，自从出家以来，阅读《涅槃经》已经有十几年了，却还没明白经文的大意，希望大和尚赐予教诲。"

　　惠能大师说道："你在哪些地方不曾明白？"

　　志道说道："《涅槃经》中说：'诸行无常，是生灭法；生灭灭已，寂灭为常。'对这一句我疑惑不解。"

　　惠能大师说道："你产生了哪些疑惑？"

　　志道说道："一切众生都有二身，这叫做色身、法身。色是变化无常，有生也有死；法身永恒有常，无知也无觉。《涅槃经》上说：'生灭灭已，寂灭为乐。'我不知道是哪一个身寂灭？哪一个身受乐？如果是色身，那么色身坏灭之时，由地、水、火、风四大种性组成的色身就全都分散了，这完全是苦，既然是苦就不能说是乐。如果是法身寂灭，就如同花草树木瓦块石头一样，谁来承受乐呢？此外，法性是生灭的本体，五蕴是生灭的功用，一个本体五种功用，生灭永恒不变。生就是从本体中生起作用。灭就是摄取五蕴的功用而归还本体。如果听任其再生，那么有情之类，就不断不灭。如果不听任其再生，那么就永远归于寂灭，如同花草树木这些无情之物一样。照这种说法，那么一切法都被涅槃禁住压伏，尚且不能获得再生，还有什么乐呢？"

　　惠能大师说道："你是佛家弟子，为什么学习外道的断灭之见和永恒常见这些邪见，而且据此议论最上乘佛法？根据你所说的

一三三

意思，就是色身之外还另有法身，超离生灭而求得寂灭。又推论涅槃的永恒之乐，说是有一个身来受用。这是执著于生死，沉溺于世间享乐。你现在应当知道佛为一切愚迷的人，指认五蕴和合是自我本体的实相，区别一切法是外境尘世的现象，追求生存，厌恶死亡，不知道世间万物万相都是梦幻般虚假的，徒然地受到轮回，把涅槃的永恒极乐，反而认为是苦相，整天地奔走追求世间之乐，佛出于怜悯他们的缘故，就指示出涅槃的真正极乐，刹那之间没有了生的形状，刹那之间没有了天的形状，更没有生灭的形状可以灭，这样，真正的寂灭就出现在眼前。即使是当它出现在眼前之时，也没有出现在眼前的"量"，这叫做常乐。这种乐没有承受的人，也没有不承受的人，难道会有一个本体五种功用的名目？何况还说涅槃禁住压伏了一切万法，使这一切永远不得再生，这是在诽谤佛、诋毁佛法。听听我的偈语：

◎明 鎏金铜文殊师利像◎

> 至高无上的佛家涅槃之理，完满融通明达永恒照世间。
> 凡夫俗子愚迷把这叫做死，外道之徒执迷称之为断见。
> 一切孜孜追求那二乘之人，把这些邪说看作是无作为。
> 这都是被专注于情所计较，是一切错误见解产生之源。
> 荒诞不经地设立虚假之名，什么才是佛家的真实义理？
> 只有超过无现前之量的人，才能通彻明达而没有取舍。
> 已知色受想行识五蕴之法，以及在五蕴中蕴藏的自我，
> 外境显现万事万物和万相，人世之间所有的一切声音，
> 它们全都相同如同梦幻中，不要生起凡人贤圣的识见。
> 不要对涅槃佛理错误理解，有无二边和三际全都灭断。
> 时常顺应一切根器的功用，但是不要生起功用的妄想。
> 能够区别世间的万物万法，但是不要生起区别的妄想。
> 须知万劫之火能烧到海底，烈风吹动能使山峰相碰撞。
> 真正的永恒是禅寂灭欢乐，涅槃的佛理就与此相一样。
> 我现在尽力地为你说佛法，就是要让你放弃一切邪见。
> 你千万不要根据语言理解，允许你懂得的略微少一些。"

僧人志道听了偈语之后，大大开悟，跳跃着行礼，退了下去。

注释

①广州南海：今广东佛山市。

②《涅槃经》：分为大乘和小乘两种。小乘《涅槃经》记载佛祖入灭的历史。大乘《涅槃经》以阐述佛教教义为中心。

③诸行无常：指世间万物、万相总是转变不息。此乃佛法的根本纲要。与诸法无我、涅槃寂静，同为"三法印"之一。

④寂灭为乐：寂灭，涅槃的意译。此语意指众生远离迷界而感到快乐的境地。

⑤色身：指有色有形之身，广义指人的肉身。佛经中又多用来指佛、菩萨的相好身，即相对于无色无形的法身。法身：又称自性身、法性身，指佛所证的真如法性之身。

⑥审：知道。也作"谙"、"谂"。

⑦四大分散：肉身由地、水、火、风的坚、湿、暖、动等性质构成。这四大性质若不调和，肉身就会散裂，人要生病或死亡。

⑧五蕴：也称"五阳"、"五众"、"五聚"。蕴，意为集聚。佛教指色（形相）、受（情欲）、想（意念）、行（行为）、识（心灵）。识是认识的主观要素，色、受、想、行是认识的客观要素。

⑨涅槃：梵语，意译为灭、灭度、寂灭、安乐、解脱、圆寂等。其含意为灭生死之因果，达到智悟的菩提境界。

⑩释子：佛门弟子，指出家的僧人。因佛祖释迦牟尼而称佛门为"释"。

⑪断常：指断见和常见。持断见者认为人死后即身心断灭不复再生。持常见者认为身心常住永恒不灭。

⑫自体相：自体的实相。

⑬轮回：又作"轮转"、"流转"、"轮回转生"等。意为众生由惑业之因（贪、嗔、痴三毒）而招感三界、六道之生死轮转，如同车轮之运转，永无止尽。

⑭愍（mǐn）：怜悯。

⑮六十二见：本指外道的六十二种错误见解。此处泛指一切错误的观点。

⑯二边：指有和无二边。三际：指过去、现在、未来三时。

述意

此段记述僧人志道读《涅槃经》而有不明之处，心存疑问，惠能大师应其所请，为其答疑解惑。惠能开示他说，众生好生恶死，却不知道这一切都是梦幻般的虚假，还整天地去孜孜追求。这是执著于生死，执著于人世间的欢乐。其实，涅槃净土，无生无灭，对世间的一切无取也无舍。一首五言三十句的偈语道出了其中的真谛，志道也闻偈顿悟。

经 语 精 华

《心经》："舍利子，是诸法空相，不生不灭，不垢不净，不增不减。"

宋·释普济《五灯会元·马祖道一禅师》："平常心是道一禅师无造作，无是非，无取舍，无断常，无凡无圣。只今行住坐卧，应机接物，尽是道。"

《楞严经》："十三者，六根圆通，明照无二，含十方界。"

行思禅师①，生吉州安城②，刘氏，闻曹溪法席盛化，泾来参礼。

遂问曰："当何所务，即不落阶级③？"

师曰："汝曾作什么来？"

曰："圣谛亦不为④。"

师曰："落何阶级？"

曰："圣谛尚不为，何阶级之有？"

师深器之⑤，令思首众⑥。一日，师谓曰："汝当分化一方，无令断绝。"思既得法，遂回吉州青原山，弘法绍化⑦。谥弘济禅师⑧。

译文

　　行思禅师，出生于吉州安城，俗姓刘，听说曹溪的惠能大师宣讲佛法的影响广大，度化众生，就直接前来参拜礼敬惠能大师。

　　行思随即问道："应当做些什么，才不能落入有等级的渐修？"

　　惠能大师说："你曾经做过什么？"

　　行思回答说："我连圣谛也不曾修过。"

　　惠能大师问道："那你落到哪个等级了？"

　　行思回答说："我对圣谛尚且不修，哪里还有什么等级？"

　　惠能大师非常器重他，让行思担任了首座。有一天，惠能大师对行思说："你应当从这里分出去，前去教化一方，不要让佛法禅宗断绝。"

　　行思领受了教法之后，就回到吉州青原山，弘扬佛法，接续惠能大师所传的教化。圆寂后谥号弘济禅师。

一三七

注释

①行思禅师（公元671年—公元740年）：幼年出家，随惠能大师学佛法，与南岳怀让共同继承六祖惠能的法脉。后居住在吉州青原山静居寺，法号青原行思。后来其法系又衍化出云门、曹洞、法眼等三系。

②吉州：今属江西省。

③阶级：等级。渐修有等级之分。

④圣谛：指佛教圣者所知一切寂静的境界。这是佛教的根本大义，故又称第一义、真谛。谛，道理。

⑤器：器重，看重。

⑥首众：居于众僧之首，即首座。

⑦绍：接续。

⑧谥（shì）：我国古代对帝王或有成就的人在死后给予称号。

述意

此段记述了惠能大师与僧人行思禅师的简短的互问互答。在问答之中，说明行思已经悟到了禅宗顿悟的佛理，他明白了修行不是如渐悟之说那样分有等级，因而连圣谛也不去修行，全凭自心自悟。惠能认为他得悟佛理之真谛，对他十分器重，让他回去弘扬佛法，教化一方。

经 语 精 华

《楞严经》："皆由执此生死妄想误为真实，是故汝今虽得多闻，不成圣果。"

晋·释慧远《与桓太尉论料简沙门书》："昔外国诸王多参怀圣典，亦有因时助弘大化，扶危救弊，信有自来矣。"

◎俗　语◎

得道无牵系，静躁两无关。

◎成　语◎

弘法绍化

坛经

一三八

怀让禅师[1]，金州杜氏子也[2]。初谒嵩山安国师[3]，安发之曹溪参扣[4]。让至礼拜。

师曰："甚处来？"

曰："嵩山。"

师曰："什么物，恁么来？"

曰："说似一物即不中[5]。"

师曰："还可修证否[6]？"

曰："修证即不无，污染即不得。"

师曰："只此不污染，诸佛之所护念。汝既如是，吾亦如是。西天般若多罗谶[7]：'汝足下出一马驹[8]，踏杀天下人。'应在汝心，不须速说！"

让豁然契会，遂执侍左右一十五载，日臻玄奥。后往南岳，大阐禅宗。

译文

怀让禅师，是金州一个姓杜人家的儿子。起初参见嵩山慧安国师，慧安国师派他到曹溪山参见叩拜惠能大师，于是怀让禅师来到了曹溪山，礼敬参拜惠能大师。

惠能大师问道："你从什么地方来？"

怀让禅师答道："嵩山。"

惠能大师问道："是什么物件，怎么来的？"

怀让禅师答道："说像一个物件，就不符合。"

惠能大师问道："还能修行证悟不能？"

怀让禅师答道："修行证悟就不是无，受到污染就不可得了。"

惠能大师说道："这种不受污染，是一切佛共同维护顾念的。你已经像这样了，我也像这样。西天竺的第二十七祖般若多罗大师曾预言说：'你的门下会出现一匹小马驹，他将征服天下人。'这个预言就应验在你的身上，但是不要急早地说出去。"

怀让禅师豁然领悟，于是在惠能大师身边执守侍奉十五年，一天比一天修悟到玄妙深奥的境界。后来前往南岳衡山，大大阐发弘扬了禅宗。

注释

①**怀让禅师**(公元671年—公元740年)：金州安康人，与行思并称为惠能的两大弟子。六祖惠能大师圆寂后，怀让继嗣其法，在南岳衡山般若寺观音台弘扬禅宗教法，至其弟子马祖道一之时，怀让一系极为兴盛，称为南岳一系。后来此法系又衍生出沩仰、临济两系。

②**金州**：治所在今陕西安康县。

③**嵩山**：在今河南登封县，五岳之一。**安国师**：安，全称为慧安，弘忍大师的弟子之一，曾常住于嵩山。

④**参扣**：参礼叩拜。扣，通"叩"。

⑤**不中**(zhòng)：不符合。禅宗认为明心见性的禅境体验是不能用语言准确地描述出来的，所以"说似一物"是不符合禅学之理的。

⑥**修证**：修行与证悟。

⑦**西天**：指天竺(古印度)。**般若多罗**：又称璎珞童子，是禅宗所立西天二十八祖中的第二十七祖。东天竺人，属婆罗门种姓。大约二十岁时遇见第二十六祖不如密多，得受佛法，成为西天第二十七祖。**谶**(chèn)：指应来要应验的预言。

⑧**足下**：此指门下。

述意

　　此段记述惠能大师与怀让禅师的几句问答，从怀让的答话——"说似一物即不中"、"修证即不无，污染即不得"——中，惠能已知他悟得了佛理，就让他在身边侍奉，最终修悟玄奥的境界。

当代·净空法师《六祖坛经讲义》："中国丛林制度就是道一禅师兴起的。'马祖建丛林，百丈立清规。'这两个人的教化，影响中国一千多年。

◎**俗　语**◎
天地万物，皆是实相。

◎**成　语**◎
日臻完善

坛经

一四○

永嘉玄觉禅师①，温州戴氏子，少习经论，精天台"止观"法门②。因看《维摩经》③，发明心地④。偶师弟子玄策相访，与其剧谈，出言暗合诸祖。

策云："仁者得法师谁？"

曰："我听方等经论⑤，各有师承。后于《维摩经》，悟佛心宗，未有证明者。"

策云："威音王已前即得⑥，威音王已后，无师自悟，尽是天然外道。"

曰："愿仁者为我证据。"

策云："我言轻，曹溪有六祖大师，四方云集，并是受法者。若去，则与偕行。"

觉遂同策来参。绕师三匝⑦，振锡而立⑧。

师曰："夫沙门者⑨，具三千威仪⑩，八万细行⑪。大德自何方而来⑫，生大我慢？"

觉曰："生死事大，无常迅速。"

师曰："何不体取无生⑬，了无速乎？"

曰："体即无生，了本无速。"

师曰："如是！如是！"

玄觉方具威仪礼拜，须臾⑭告辞。

师曰："返太速乎？"

曰："本自非动，岂有速耶？"

师曰："谁知非动？"

曰："仁者自生分别。"

师曰："汝甚得无生之意。"

曰："无生岂有意耶？"

师曰："无意谁当分别？"

曰："分别亦非意。"

师曰："善哉！少留一宿。"

时谓"一宿觉"。后著《证道歌》，盛行于世。

　　永嘉玄觉禅师，是温州姓戴的儿子，他小时候学习佛经理论，精通天台宗的"止观"教法的义理。因为阅读了《维摩经》，开悟明达了自心的本性。偶然有一次，惠能大师的弟子玄策前来拜访他，玄觉禅师和他深入地讲说佛理，所说的话都暗中切合佛祖的佛理真义。

　　玄策问道："你这位仁者悟知佛法，以谁为师父？"

　　永嘉玄觉禅师答道："我听各位方家讲论大乘经典，各自都有从师父那里继承过来的道理。后来在阅读《维摩经》之时，悟到了佛的心宗，但是还没有得到印证我的理解的人。"

　　玄策说道："在威音王佛以前，就悟得禅宗佛理是可以的，在威音王佛以后，没有师父传承而自我开悟，就都是天然外道。"

　　玄觉禅师说道："希望您这位仁者为我依照佛理来印证。"

　　玄策说道："我人微言轻，难以为你印证，曹溪山有六祖惠能大师，四方的僧众都如同云彩汇合般聚集在他那里，全都是领受正法的人。你如果想去，我就和你一起去。"

　　玄觉禅师就同玄策一道前来参拜礼敬惠能大师。玄觉禅师围绕着惠能大师走了三圈，摇动着锡杖站在那里。

　　惠能大师说道："出家的僧人，应该具有三千威德仪则，八万微细的规矩。你这位大德高僧从何处而来，对我作出这般大的傲慢？"

　　玄觉禅师回答说："人的生和死的事情十分巨大，无常变化十分迅速。"

　　惠能大师问道："为什么不体悟领受无生无死，明了无常变化迅速之理呢？"

　　玄觉禅师回答说："体悟了，就是无生无死，明了的，原本就是无常变化迅速。"

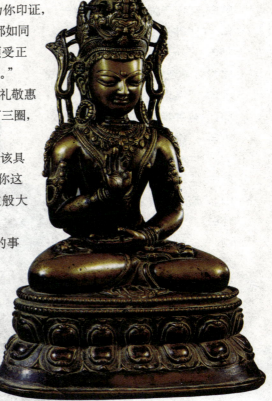

　　惠能大师说道："像你说的这样，像你说的这样。"

　　玄觉禅师这才整肃仪容礼敬参拜，不一会儿，就向惠能大师告辞回返。

　　惠能大师问道："你现在就返回去，太快了吧？"

　　玄觉禅师回答说："原本就没有动与不动，怎么会有快和不快呢？"

　　惠能大师问道："谁知道不动呢？"

　　玄觉禅师回答说："这是仁者您自己之心生出了分别。"

　　惠能大师说道："你已经很了解无生无死的意义了。"

　　玄觉禅师问道："无生无死难道还有意义吗？"

　　惠能大师反问道："没有意义谁能分别它呢？"

　　玄觉禅师说道："分别本身也没有意义。"

　　惠能大师说道："说得好啊！小住一宿吧。"

　　当时，人们称玄觉禅师为"一宿觉"。后来永嘉玄觉禅师创作了《证道歌》，在世间流传盛行。

注释

①永嘉玄觉禅师：俗姓戴，字明道，号永嘉玄觉。八岁出家为僧，后来在温州侧岩下自筑草庵，修研禅学，博览佛经，精通天台之止观。曾与僧人东阳玄策游方寻道，到广东曲江，参见六祖惠能大师，与其问答，言下契悟，留住一宿，而返回龙兴寺，时人称他"一宿觉"。其后学佛法者云集，号玄觉大师。四十九岁圆寂。著有《禅宗永嘉集》十卷、《禅宗悟修圆旨》一卷，《永嘉证道歌》一首。永嘉，今浙江温州市永嘉县。

②天台：指天台宗，我国佛教宗派之一。此宗注重《法华经》，故又称"法华宗"。止观：意为定慧。天台宗主张以修行止观为主要内容，故用"止观法门"指称天台宗的修行方法。

③《维摩经》：全称《维摩诘所说经》，记述维摩诘（与释迦牟尼同时人，意译无垢称，或净名）与舍利弗弥勒等及文殊大师问答之词，阐述大乘佛理。

④发明：开悟认识。

⑤方等：众多方家。方家，这里指精通佛理的大师。

⑥威音王：又作"寂趣音王佛"，是过去庄严劫最初的佛名。威音王已前，意近"天地未开以前""父母未生以前"，禅宗僧人用来表示无量无边的久远之前。

⑦匝（zā）：圈，绕一周为一匝。

⑧锡：锡杖，僧人所持之杖，亦称禅杖。其形制：杖头有一铁圈，中段用木棒，下安铁纂，摇动时锡锡作声，故称锡杖。

⑨沙门：梵语，意译为"勤息""息止""静志""贫道"等多种。其意为勤修佛道、止息烦恼，以期证得涅槃境界，是出家僧人的通称。

⑩威仪：指僧人的动作要有威德有仪则。

⑪细行：指僧人除遵守戒律之外还要做到的各种微细的仪则规定。这两句指僧人在行、住、坐、卧等各方面都应奉守的规矩。

⑫大德：古天竺对佛、菩萨或高僧的敬称。我国只用以敬称高僧。

⑬体取：体悟领受。

⑭须臾（yú）：一会儿，指短时间。

述意

　　此段记述玄觉禅师在惠能大师的弟子玄策的陪同下，一起去参见惠能大师。玄觉虽然有些傲慢，但他的回答却说明他已深悟佛义。他认为修行就是体认自性，而自性无生无死，生死既无，自然也没有迟速。惠能肯定了他的理解。玄觉又说明，分别不是"意"，识见自我本性，分别即是无分别。惠能赞其"善哉"。玄觉在曹溪住了一宿，大彻大悟。时人称其"一宿觉"。

经语精华

宋·苏轼《分类东坡诗·三朵花》:"归来且看一宿觉,未暇远寻三朵花。"

晋·支道林:"首法其吾我,造理因两虚;两虚似得妙,同象反入粗。何以绝全迹,忘一归本无。空同何所贵,所贵乃恬愉。"

禅者智隍,初参五祖,自谓已得正受①。庵居长坐②,积二十年。

师弟子玄策,游方至河朔③,闻隍之名,造庵问云④:"汝在此作什么?"

隍曰:"入定⑤。"

策云:"汝云入定,为有心入耶,无心入耶?若无心入者,一切无情草木瓦石,应合得定;若有心入者,一切有情含识之流⑥,亦应得定。"

隍曰:"我正入定时,不见有'有无'之心。"

策云:"不见有'有无'之心,即是常定,何有出入?若有出入,即非大定⑦!"

隍无对。良久,问曰:"师嗣谁耶?"

策云:"我师曹溪六祖。"

隍云:"六祖以何为禅定?"

策云:"我师所说,妙湛圆寂⑧,体用如如⑨,五阴本空⑩,六尘非有⑪。不出不入,不定不乱。禅性无住,离住禅寂。禅性无生,离生禅想。心如虚空,亦无虚空之量。"

隍闻是说,径来谒师。

师问云:"仁者何来?"

隍具述前缘。

师云:"诚如所言,汝但心如虚空,不著空见,应用无碍,动静无心,凡圣情忘,能所俱泯⑫,性相如如⑬,无不定时也。"

隍于是大悟,二十年所得心,都无影响。其夜河北士庶闻空中有声云:"隍禅师今日得道!"隍后礼辞,复归河北,开化四众⑭。

信奉禅宗的僧人智隍,起初参拜五祖弘忍大师,自己认为已经得到了正宗传授。他在茅庵里居住,长期打坐修禅,算起来有二十年了。

惠能大师的弟子玄策,修行问道,周游四方,来到黄河以北,听说了智隍的名声,便到智隍所居的茅庵拜访,问道:"你在这里做什么?"

智隍回答说:"入定。"

玄策说道:"你说是入定,是有心念入定呢,还是无心念入定呢?如果是无心念入定的话,一切无情的花草树木瓦块石头,应该都能做到入定;如果是有心念入定的话,一切有情的、含有意识的众生之流,也应该都能做到入定。"

智隍说道:"我真正入定的时候,见不到我有'有无'的心念。"

玄策说道:"见不到有'有无'的心念,就是常定,为什么又有出入之分呢?如果有了出和入,那就不是自心澄明寂静的大定。"

智隍没有回答,过了很久,问道:"你承嗣的师父是谁呀?"

玄策答道:"我的师父是曹溪山的六祖惠能大师。"

　　智隍问道："六祖惠能大师认为什么是禅定？"

　　玄策答道："我的师父说的是，修行要懂得佛理的玄妙精，要诸德圆满，诸恶寂灭，体相与功用都真如常住，达到圆融而不凝滞的境界，色、受、想、行、识之五蕴和合，原本虚空，色、声、香、味、触、法之六尘也不是真实存在。既不出也不入，心不执著于定也不生出散乱。禅的本性是不执著无凝滞，超离执著入禅静寂。禅的本性无生，超离生起生禅的念想。心如同虚空的，也没有对虚空的思量。"

　　智隍听了这番讲说，就直接前来参见拜谒六祖惠能大师。

　　惠能大师问道："你这位仁者为什么前来？"

　　智隍全部讲述了与玄策相遇并听他转述惠能大师讲法的因缘。

　　惠能大师说道："确实像玄策所说的那样，你只要心虚空，不执著于对空的妄见，应用起来没有滞碍，对于动与静都不生起妄心，对凡尘和圣境都能忘情，把主观对象和客观对象全都于心中泯灭，体性与相状真如常住，就没有不禅定的时候了。"

　　智隍于是大大开悟，二十年修行所得的执著之心，从此就全都无影无踪无声无响。那天深夜黄河以北的官员和百姓都听见天空中有个声音说："智隍禅师今天得成佛道了。"智隍后来向惠能大师礼拜告辞，又回到黄河以北，开示教化僧俗众人。

注释

①正受：意为远离邪想而领受安和的状态，是禅定的另一说法。

②庵居：住在茅屋里。庵是僧人用茅草所建的简陋住所。

③游方：僧人修行问道，周游四方。河朔：泛指黄河以北的地方。

④造：到。

⑤入定：入于禅定，即僧人静坐敛心，不起杂念，使心定于一处。

⑥含识：含有意识。

⑦大定：佛的三德（大定、大智、大悲）之一，佛心澄明寂静称为大定，大定可以断除一切妄念。

⑧圆寂：指诸德圆满俱足，诸恶寂灭净尽。后也指僧尼之死为圆寂。

⑨体用：指诸法的体性与功用。如如：指真如常住，圆融而不凝滞的境界。

⑩五阴："五蕴"的别名。

⑪六尘：指色、声、香、味、触、法等之尘的六境。六尘又称"六贼"、"外尘"，它们能污染六根。

⑫能所：自动之法（主体）称之为"能"，被动之法（客体）称之为"所"。"能"和"所"有相即不离与体用互为因果的关系。

⑬性相：指体性与相状。不变而真实的本体叫做"性"，有差别变化的现象或形态叫做"相"。

⑭四众：又称"四部众"、"四部弟子"，是佛教中的四种弟子，含有两种意义：一是指出家的四众：比丘、比丘尼、沙弥、沙弥尼；二是指僧俗四众：比丘、比丘尼、优婆塞（梵语，意为在家奉佛的男子）、优婆夷（梵语，意为在家奉佛的女子）。

述意

　　此段记述僧人智隍听了惠能大师的弟子玄策针对他的话所讲说的"入定"之佛理，以及转述惠能大师所阐释的"禅定"，认为他们深得佛家之真谛，于是前去拜谒惠能大师。惠能进一步开示他：只要观心如虚空那样清净无染，但又不执著于空见，就是真正的大定。如此，不仅凡情已绝，而且圣智已忘。智隍于是顿悟，又回黄河以北度化众生。

经 语 精 华

唐·白居易《读禅经诗》："摄动是禅禅是动,不禅不动即如如。"

宋·道原《景德传灯录·圭峰宗密禅师》："遂著《禅源诸诠》……其都序略曰:'禅是天竺之语,具云禅那,翻云思维修,亦云静虑皆是定慧之通称也。源者,是一切众生本觉真性,亦是佛性,亦名心地,悟之为慧,修之名定,定慧通名为禅。此性是禅之本源,故云禅源。"

◎ 俗 语 ◎
彻见自性,不必谈禅。

◎ 成 语 ◎
得道升天

一僧问师云："黄梅意旨[①]，甚么人得？"

师云："会佛法人得。"

僧云："和尚还得否？"

师云："我不会佛法[②]。"

师一日欲濯所授之衣，而无美泉。因至寺后五里许，见山林郁茂，瑞气盘旋，师振锡卓地[③]，泉应手而出。积以为池，乃跪膝浣衣石上。

忽有一僧来礼拜，云："方辩是西蜀人[④]。昨于南天竺国，见达摩大师，嘱方辩速注唐土：'吾传大迦叶正法眼藏[⑤]，及僧伽梨[⑥]，见传六代，于韶州曹溪，汝去瞻礼。方辩远来，愿见我师传来衣钵。"

师乃出示。次问："上人攻何事业？"

曰："善塑。"

师正色曰："汝试塑看。"

辩罔措[⑦]，过数日，塑就真相，可高七寸，曲尽其妙。

师笑曰："汝只解塑性，不解佛性。"

师舒手摩方辩顶，曰："永为人天福田。"

有僧举卧轮禅师偈曰[⑧]：

"卧轮有伎俩，能断百思想。

对境心不起，菩提日日长。"

师闻之，曰："此偈未明心地。若依而行之，是加系缚。"

因示一偈曰：

"惠能没伎俩，不断百思想；

对境心数起，菩提作么长？"

译文

有一位僧人向惠能大师问道："黄梅的五祖弘忍大师的衣钵、教法，什么人得到了？"

惠能大师回答说："领会了佛法的人得到了。"

那位僧人问道："大和尚得到了没有？"

惠能大师回答说："我没领会佛法。"

有一天，惠能大师想要洗一下五祖弘忍大师所传给的法衣袈裟，但是附近没有甘泉。于是就到寺院后面五里左右的地方，看到那里山林葱郁繁茂，祥瑞之气盘旋笼罩，惠能大师摇动锡杖直立地上，泉水随着手一戳就喷涌而出，积水成了一个池子。惠能大师就双膝跪在石板上洗涤袈裟。

忽然有一位僧人前致礼参拜惠能大师，

说道："方辩我是西蜀人。前些日子在南天竺国，见到达摩大师，他嘱咐方辩我赶快前往唐国，他说：'我所传承大迦叶的万德含藏的正法，以及法衣袈裟，现在传到第六代祖，他在韶州曹溪山，你前去瞻仰礼拜他。方辩我从远方前来，希望能够见到我们的祖师达摩传下来的法衣袈裟和钵盂。"

惠能大师就拿出袈裟等物给他看。接着问道："你研究什么事情？"

方辩回答说："我擅长雕塑。"

惠能大师脸色庄重地说道："你试着雕塑个佛像给我看看。"

方辩就不停地雕塑起来，过了几天，塑造成了一尊逼真的佛像，大约高七寸，曲折婉转地表达尽佛像的高妙之处。

惠能大师笑着说："你只是明白了雕塑的特性，却没有理解佛性。"

惠能大师伸手抚摩着方辩的头顶，说道："希望你永远为人天种福田。"

有一位僧人取出卧轮禅师的一首偈语，偈说：

"僧人卧轮有技能，能断绝一切思想。
　　面对外境心不动，佛心菩提日日长。"

惠能大师听了偈语，说道："这首偈语还未曾明达自心本性。如果依照这首偈语去修行，这是给自己加上了束缚。"

惠能大师于是作了一首偈语来开示他，偈说：

"我惠能没有技能，不断绝一切思想。
　　对外境心念屡起，佛心菩提怎么长？"

◎达摩图◎
此图画达摩坐于卧象背上，五僧徒及花木围绕其间。

注释

①黄梅意旨：此处指五祖弘忍大师的教法。
②不会佛法：不领会佛法。此句意在说明禅宗不主张弟子从师父那里获得现成之佛理，而强调修道之人要自悟自证。
③卓：植立。
④西蜀：今四川省。
⑤大迦叶：全称是"摩诃迦叶波"，释迦牟尼的十大弟子之一。是富豪婆罗门尼拘卢陀羯波之子，属大迦叶种姓，大称大迦叶。出家后蒙受佛陀教化。禅宗传颂着他"拈花微笑"的典故，并且据此尊他为禅宗天竺初祖。正法眼：指佛祖的心眼彻见正法。藏：意为深广而万德含藏。
⑥僧伽梨：指九条以上的衣服，为佛家"三衣"之一。缝此衣时要把布裁制成条状，故称为"杂碎衣"。后指袈裟。
⑦罔（wǎng）措：不停止地工作。措，放置。
⑧卧轮禅师：未详其事迹。

述意

　　此段记述了惠能大师三件事，从中阐明了禅宗的主旨。一是惠能回答一个僧人的问话，惠能说：我不会佛法。意思是领会佛法的人才能得到黄梅意旨，而有所得则心不清净，修佛重在自心清净。二是惠能让僧人方辩塑一尊佛像，惠能看像后，认为方辩"只解塑性，不解佛性"。意思是方辩只是塑艺高超，但是尚未悟得佛性。修行的关键是领悟自心所具有的佛性。三是惠能对一僧人所举出的卧轮禅师之偈语的评论，指出该偈未明心地。惠能另作一偈，完全与之相对，阐明了修行之时不必断绝思想活动，不必追求无念、无想、无思、无虑。惠能在本经中曾说："若百不思，常会念绝，即思法缚，即是边见（偏见）。"

 经 语 精 华

　　宋·普济《五灯会元·释迦牟尼佛》："世尊在灵山会上，拈花示众。是时，众皆默然，惟迦叶尊者破颜微笑。世尊曰：'吾有正法眼藏，……付嘱摩诃迦叶。'"
　　明·洪应明《菜根谭》："一字不识而有诗意者，得诗家真趣；一偈不参而有禅味者，悟禅教玄机。"

◎ 俗 语 ◎
曲尽其妙

顿渐品第八

品　鉴

　　顿指顿悟，渐指渐悟。禅宗由惠能和神秀分别创立了南北二宗，从而在修行方法上有了顿渐之分。两位宗主虽然不分彼此，但他们的门徒却各守门户，迭起纷争。惠能指出，佛法初无顿渐的分别，只是因为众生的根器有利有钝，因而才有了顿悟、渐悟之别。惠能对神秀的弟子志诚，开示南宗教法，使之当下契悟。顿悟思想对渐修而言，乃是一大革命。

时，祖师居曹溪宝林，神秀大师在荆南玉泉寺①。于时两宗盛化②，人皆称"南能北秀"，故有南北二宗顿渐之分③。而学者莫知宗趣。

师谓众曰："法本一宗，人有南北；法即一种，见有迟疾。何名顿渐？法无顿渐，人有利钝，故名顿渐。"

然秀之徒众，往往讥南宗祖师："不识一字，有何所长？"

秀曰："他得无师之智④，深悟上乘，吾不如也。且吾师五祖，亲传衣法，岂徒然哉？吾恨不能远去亲近，虚受国恩。汝等诸人毋滞于此，可往曹溪参决。"

一日，命门人志诚曰⑤："汝聪明多智，可为吾到曹溪听法。若有所闻，尽心记取，还为吾说。"

志诚禀命至曹溪，随众参请，不言来处。

时祖师告众曰："今有盗法之人，潜在此会。"志诚即出礼拜，具陈其事。

师曰："汝从玉泉来，应是细作⑥。"

对曰："不是。"

师曰："何得不是？"

对曰："未说即是，说了不是。"

师曰："汝师若为示众？"

对曰："常指诲大众，住心观静，长坐不卧。"

师曰："住心观静，是病非禅。长坐拘身，于理何益？听吾偈曰：

生来坐不卧，

死去卧不坐。

一具臭骨头，

何为立功课⑦？"

志诚再拜曰："弟子在秀大师处，学道九年，不得契悟⑧。今闻和尚一说，便契本心。弟子生死事大，和尚大慈，更为教示。"

师云："吾闻汝师教示学人戒、定、慧法，未审汝师说戒、定、慧行相如何⑨？与吾说看。"

诚曰："秀大师说：'诸恶莫作名为戒，诸善奉行名为慧，自净其意名为定。'彼说如此。未审和尚以何法诲人？"

师曰："吾若言有法与人，即为诳汝。但且随方解缚⑩，假名三昧。如汝师所说戒、定、慧，实不可思议。吾所见戒、定、慧又别。"

志诚曰："戒定慧只合一种，如何更别？"

师曰："汝师戒、定、慧接大乘人，吾戒、定、慧接最上乘人。悟解不同，见有迟疾。汝听吾说，与彼同否？吾所说法，不离自性。离体说法，名为相说⑪，自性常迷。须知一切万法，皆从自性起用，是真戒、定、慧法。听吾偈曰：

　　心地无非自性戒，
　　心地无痴自性慧，
　　心地无乱自性定，
　　不增不减自金刚⑫。
　　身去身来本三昧。"

诚闻偈，悔谢，乃呈一偈曰：

　　"五蕴幻身，幻何究竟？
　　回趣真如，法还不净。"

师然之，复语诚曰："汝师戒、定、慧，劝小根智人；吾戒、定、慧，劝大根智人。若悟自性，亦不立菩提涅槃，亦不立解脱知见。无一法可得，方能建立万法。若解此意，亦名佛身，亦名菩提涅槃，亦名解脱知见。见性之人，立亦得，不立亦得。去来自由，无滞无碍。应用随作，应语随答，普见化身，不离自性，即得自在神通⑬，游戏三昧⑭，是名见性。"

志诚再启师曰："如何是不立义？"

师曰："自性无非、无痴、无乱，念念般若观照，常离法相，自由自在，纵横尽得，有何可立？自性自悟，顿悟顿修，亦无渐次，所以不立一切法。诸法寂灭，有何次第⑮？"

志诚礼拜，愿为执侍，朝夕不懈。

译文

当时，六祖惠能大师住在曹溪山宝林寺，神秀大师在荆南当阳山玉泉寺。在当时禅宗的两大宗派都很兴盛，教化众生。人们都称他们为"南能北秀"，所以有了南宗、北宗两个宗派的顿教、渐教的分别。但是学习佛道的人却没有人知道两个宗派的宗旨和义理。

惠能大师对众人说道："佛法原本是同一种宗旨，而传法的人有南有北，所以才有了南宗、北宗的分别；佛法就是一种，只是识见有慢有快，所以才有了顿悟、渐悟的分别，什么叫做顿悟、渐悟？佛法原本没有顿悟、渐悟的分别，只是人的根器有聪敏和愚钝的分别，因而才有顿悟和惭悟的分别，所以把这叫做顿悟和渐悟。"

然而神秀大师的众多门徒，常常讥笑南宗的六祖惠能大师："不认识一个字，能有什么擅长的呢？"

神秀大师说道："惠能他得到了无须师父传授而能够自悟自通的智慧，深深地悟到最上乘智慧，我不如他啊。况且我的师父五祖弘忍大师把衣钵和教法亲自传授给他，难道是徒然的吗？我只是遗憾地不能从远方前往那里去亲近他，白白地领受国家给予的恩典。你们这些人不要滞留在这里，可以前往曹溪山参见惠能大师，断决疑问。"

有一天，神秀大师命令弟子志诚说：

"你聪明又有很多智慧，可以为我到曹溪山去听惠能大师说法。如果有听到的教法，用尽心思记住，回来给我学说一下。"

志诚接受神秀大师的命令，来到曹溪山，随着众人一起向惠能大师参拜奉请，只是不说自己所来的地方。

当时，六祖惠能大师告诉众人说："今天有个偷听教法的人，潜藏在这个法会中。"志诚立刻走出来致礼参拜，全都陈述了他来这里的事情经过。"

惠能大师说道："你从玉泉寺来，应当是个奸细。"

志诚回答说："我不是。"

惠能大师说道："你怎么能不是呢？"

志诚回答说："我没说明来意，可以说是奸细，现在说明了来意就不是奸细了。"

惠能大师问道："你的师父是怎样开示

大众？"

志诚回答说："师父经常指示教诲大众，要守住本心，观照静寂，长久坐禅，不可睡卧。"

惠能大师说道："守住本心，观照静寂，这是错误的，不是在修禅。长久地静坐，拘束了身体，这对于领悟佛理有什么好处？听听我的偈语吧，偈语说：

> 有生以来修行只坐不卧，
>
> 只是死去之后只卧不坐。
>
> 人身不过是一具臭骨头，
>
> 为什么执著形式修功课。"

志诚向惠能大师拜了两拜，说道："弟子我在神秀大师那里，学习佛道九年了，没有得到契合本心和开悟。今天听大和尚这一番讲说，就契合了本心。弟子我知道解脱生死的事情很大，希望和尚大发慈悲，再对我教化开示。"

惠能大师说道："我听说你的师父给学习佛道的人教授开示戒、定、慧法，我不清楚你的师父讲说戒、定、慧的具体内容是什么？你给我说说看。"

◎护身佛◎

志诚说道："神秀大师说：'一切恶行不去做，就叫做戒；一切善举都奉行，就叫做慧；自己使意念清净，就叫做定。'神秀大师所说的就是这样。不知道大和尚采用什么方法教诲众人？"

惠能大师说道："我如果说什么教法教给众人，那就是欺骗你。只不过是姑且依据不同的情况，解除众人的束缚，借用三昧的名称。如果像你的师父所说的戒、定、慧确实是不可思议。我所识见的戒、定、慧又有别神秀大师。"

志诚问道："对戒、定、慧的解释只应该有一种，为什么还有分别？"

惠能大师答道："你师父所讲说的戒、定、慧是接引大乘根器的人，我讲说的戒、定、慧是接引最上乘根器的人。领悟理解不相同，识见自心本性有慢有快。你听了我所说的，和他所说的相同还是不相同呢？我所讲说的教法，不离开自

我的本性。离开自性的本体讲说教法，就叫做执著于虚幻现象的说法，自己的心念常常愚迷。要知道，万事万物万相，都是从自我本性中生起运用，这是真正的戒、定、慧教法。听听我的偈语吧。偈语说：

心地没有错误自我的本性就是戒，
心地没有痴迷自我的本性就是慧，
心地没有扰乱自我的本性就是定，
自我本性不增也不减坚韧如金刚，
自身去自身来全将心专注于一境。

志诚听了惠能大师的偈语，悔悟先前迷误，连忙拜谢，就呈上一首偈语：

"五蕴迷幻了自身，
梦幻到何时结束？
回身奔向真如境，
才知悟法不清净。"

惠能大师认为他的偈语说得对，又告诉志诚说："你的师父所说的戒、定、慧是勉励小根器智慧的人，我所说的戒、定、慧是勉励大根器智慧的人。如果开悟了自我的本性，也就不必立菩萨涅槃，也不必立对解脱的认知和见解。没有一个法可以得到，才能建立一切法。如果明白了这个意思，就叫做佛，也叫做菩提涅槃，也叫做解脱知见。识见自我本性的人，立这些名目也得到法，不立这些名目也得到法。去和来都自由，没有滞留没有妨碍。应时而用，随缘而作，根据来语，随机回答，全部识见化身，不离开自我的本性。这就得到了自由自在、可测无碍的神通，达到了游戏三昧的境界，这就叫做识见自我本性。"

志诚又请问惠能大师说："什么是不立的意思？"

惠能大师回答说："自我本性没有是非，没有痴愚，没有混乱，时时刻刻用般若观照，永远超离法相，自由自在，任纵任横都能得法，又有什么法可立呢？自我本性要自我开悟，顿悟顿修，也没有渐悟的顺序，这就是不立一切法的原因。一切法都寂灭了，还有什么顺序呢？"

志诚礼敬参拜惠能大师，志愿奉侍大师，早早晚晚从不懈怠。

注释

①荆南: 荆州之南, 在今湖湖一带。玉泉寺: 在今湖北省当阳县。

②两宗: 指禅宗的南北两个派系。

③顿渐: 禅宗的顿悟和渐悟两种教法。惠能大师主张顿悟, 神秀大师主张渐悟。

④无师之智: 没有师父传承而自我觉悟的佛智, 指不须他人教诲而自然成就的教诲。

⑤志诚: 年少时到荆南当阳山玉泉寺拜神秀大师为师。

⑥细作: 刺探情报的间谍。

⑦何为: 为什么。这两句是说: 不必让自身执著于禅坐的形式, 只要明心见性, 一觉悟就证得佛地。

⑧契悟: 与本心契合而开悟, 即指做到对自心的认识和体验。

⑨行相: 行事的相状, 即认识对象时的状态。此处可理解为戒、定、慧的具体内容。

⑩随方: 依据情况。方: 区域。

⑪相说: 指执著于虚幻现象的解说。

⑫金刚: 本指金刚石。金刚至坚, 能坏物而物不能它, 用以比喻坚硬不坏。

⑬神通: 不可测知又无障碍的力量, 叫做神通。神通有六种: 神足通、天眼通、天耳通、他心通、宿命通、漏尽通。

⑭游戏: 佛、菩萨游于神通, 教化人以自娱乐, 叫做游戏。三昧: 梵语音译, 又作 "三摩提"、"三摩帝"。意为定、正定, 是禅定的另一种译法, 即排除一切杂念, 将心专注于一境。游戏三昧, 是说心无牵挂, 自由自在, 毫无拘束。

⑮次第: 依次的顺序。

述意

　　此段首先记述禅宗有顿悟、渐悟两个派系。北宗之师神秀以渐修为尚, 南宗之师惠能以顿悟为门。惠能对此没有门户之见, 明确指出: 佛法本是一宗, 只是因为人有南北之别, 才有了南顿北渐之说。佛法原本无顿无渐, 只是由于人的根性有利有钝, 因而利者能顿悟, 钝者须渐修。

　　其次记述惠能大师为志诚讲说佛法。惠能对戒、定、慧法的佛理与神秀不同, 他认为两者面对的对象不同。神秀针对的是具有小乘根性的智慧之人, 而惠能针对的是大乘大根的智人, 是从自性修行, 见性成佛。又回答了志诚关于 "如何不立义" 的问题, 继而达到自性清净, 对世间万事万相不执著, 就具有了自性戒、自性慧、自性定。

经语精华

《诸经要集》："窃闻戒是人师，道俗咸奉，心为业主，凡圣俱制，良由三宝所资，四生同润。"

《全唐文》："皎然能秀二祖，赞二公之心，如月如日，四方如云，当空而出，三乘同轨，万法斯一，南北分宗，亦言之失。"

《无量寿经》："诚谛以虚，超出世间，深乐寂灭。"

清·张潮《幽梦影》："由戒得定，由定得慧，勉强渐近，自然炼精化气，炼气化神，清虚有何渣滓。"

僧志彻，江西人，本姓张，名行昌，少任侠。自南北分化①，二宗主虽亡彼我，而徒侣竟起爱憎②。时北宗门人，自立秀师为第六祖，而忌祖师传衣为天下闻，乃嘱行昌来刺师。

师心通，预知其事，即置金十两于座间。时夜暮，行昌入祖室，将欲加害。师舒颈就之，行昌挥刃者三，悉无所损。

师曰："正剑不邪，邪剑不正，只负汝金，不负汝命。"

行昌惊仆③，久而方苏，求哀悔过，即愿出家。

师遂与金，言："汝且去，恐徒众翻害于汝。汝可他日易形而来，吾当摄受④。"

行昌禀旨宵遁，后投僧出家，具戒精进⑤。

一日，忆师之言，远来礼觐⑥。

师曰："吾久念汝，汝来何晚？"

曰："昨蒙和尚舍罪，今虽出家苦行，终难报德，其惟传法度生乎！弟子常览《涅槃经》，未晓常、无常义⑦，乞和尚慈悲，略为解说。"

师曰："无常者，即佛性也；有常者，即一切善恶诸法分别心也。"

曰："和尚所说，大违经文。"

师曰："吾传佛心印⑧，安敢违于佛经？"

曰："经说佛性是常，和尚却言无常；善恶之法乃至菩提心，皆是无常，和尚却言是常，此即相违，令学人转加疑惑。"

师曰："《涅槃经》吾昔听尼无尽藏读诵一遍⑨，便为讲说，无一字一义不合经文。乃至为汝，终无二说。"

曰："学人识量浅昧，愿和尚委曲开示⑩。"

师曰："汝知否？佛性若常，更说什么善恶诸法、乃至穷劫无有一人发菩提心者？故吾说无常，正是佛说真常之道也。又，一切诸法若无常者，即物物皆有自性，容受生死，而真常性有不遍之处。故吾说常者，正是佛说真无常义。佛比为凡夫外道执于邪常，诸二乘人于常计无常，共成八倒⑪。故于涅槃了义教中⑫，破波偏见，而显说真常真乐真我真净。汝今依言背义，以断灭无常，及确定死常，而错解佛之圆妙最后微言。纵览千遍，有何所益？"

行昌忽然大悟，说偈曰：

"因守无常心，佛说有常性；
不知方便者，犹春池拾砾。
我今不施功，佛性而现前；
非师相授与，我亦无所得。"

师曰："汝今彻也，宜名志彻。"

彻礼谢而退。

译文

僧人志彻，江西人，俗姓张，名字叫行昌，少年时仗义行侠。自从禅宗分化为南宗、北宗之后，两派系的宗主惠能大师和神秀大师虽然没有否定对方、肯定自我，但是他们的弟子、信众却竞相生起爱憎之心。当时，北宗的门徒，自己尊立神秀大师为禅宗第六代祖师，而忌恨惠能大师得到五祖弘忍大师传授的衣钵，此事被天下之人都闻知了，就嘱托行昌前去刺杀惠能大师。

惠能大师心灵通达，预先测知了行昌要干的事，就在座位上放了十两黄金。那时到了深夜，行昌潜入惠能大师的住室，将要杀害大师。大师伸长脖子靠近行昌，行昌挥

刀砍了三次，全都没有损伤到惠能大师。

惠能大师说道："正义之剑不邪恶，邪恶之剑不正义，或许我只欠你金子，却不欠你性命。"

行昌大吃一惊，跌倒在地，过了很久才苏醒过来，苦苦哀求，要改悔过错，就要求出家为僧。

惠能大师就给了他黄金，说道："你暂且离开这里，我担心我的弟子们会反过来加害于你。你可以在另外的时间改变自己的衣饰形装再前来，我会为你度化收为弟子。"

行昌遵从惠能大师的旨意，连夜逃离，后来投奔僧人出家了，接受了具足戒，精修佛理，日有所进。

有一天，行昌想起了惠能大师的话，从远方前来致礼参拜惠能大师。

惠能大师说道："我想念你很久了，你为什么来得这么晚？"

行昌说道："先前承蒙大和尚饶恕了我的罪过，现在我虽然出家为僧，苦苦修行，终究难以报答您的恩德，只希望您能给我传佛法度化众生啊！弟子我经常阅读《涅槃经》，还没有明白常、无常的教义，乞请大和尚大发慈悲，简要地为我解说。"

惠能大师说道："无常，就是佛性；有常，就是对一切善恶诸法的分别心。"

行昌说道："大和尚所说的，完全违背了经文之义。"

惠能大师说道："我传授佛法心印，怎么敢违背佛经？"

行昌说道：《涅槃经》上说佛性是常，大和尚却说无常，一切善物之法，以至于菩提心，都是无常，大和尚

◎三教图◎

此图绘佛、道、儒三教的创始人释迦牟尼、老子、孔子三人于一图之中，似正在辩经论道。

却说是常，这就和经文相违背，这就让
我增加了疑惑。"

惠能大师说道："《涅槃
经》，我先前听比丘尼无尽藏
大师读诵过一遍，就给她讲
说经文大义，没有一个字一
句义不符合经文大义的。至
于方才给你讲说的，也始终
没有其他的说法。"

行昌说道："弟子我见
识浅薄，生性愚昧，希望大和
尚详细地给我开导明示。"

惠能大师说道："你知道不
知道，佛性如果是常，还说什么善
恶诸法，甚至还说真到劫尽之时没有一
个人发菩提觉悟之心？所以我说佛性无常，这正
是佛所说的佛性真实常在的佛理。再说，如果说一切诸法无常，是说
万事万物都有自我的本性，用以承受生死，而真实常在的佛性也有不
能普遍达到的地方。所以我所说的常，正是佛所说的真实无常之义。
佛知道凡夫俗子和外道之人执迷于不真实的存在，那些声闻和缘觉
的二乘人对佛性的常当做无常，这就产生了八种颠倒的妄想。所以在
《涅槃经》中如实诠释佛理的教法之中，破除那些偏见，而显说什么
是真常、真乐、真我、真净等四德。你现在依据经书的文字而背离了
经文的经义，把有断灭的现象当做无常，以及把确定死亡当做常，因
而错误地理解佛陀最后开示的圆融玄妙的深奥义理。你没有领悟佛
理，纵使阅读经文一千遍，又有什么益处？"

行昌听罢，豁然顿悟，说了一首偈语：

"曾因固守无常心，佛陀却说有常性，
　　不知佛理之真义，犹如春池拾瓦砾。
　　我现在不施功用，佛性依然现心中。
　　不是大师开示我，我依然没有所得。"

惠能大师说道："你现在大彻大悟了，应当叫志彻。"

志彻礼敬感谢退了下去。

注释

①南北分化：指禅宗自五祖弘忍大师之后，其两个弟子惠能大师和神秀大师分化为南宗和北宗。

②徒侣：门徒，弟子。

③仆：跌倒。

④摄受：度化并接受。

⑤具戒：即具足戒，意为戒品具足。男子和女子出家受十戒为沙弥和沙弥尼。男子受二百五十戒为比丘，女子受五百戒为比丘尼。戒法规定，受持具足戒即取得比丘或比丘尼的资格。

⑥觐（jìn）：本指朝见君主或朝拜圣地。这里指拜见师父。

⑦常：指永恒不变。无常：指世间一切法生灭迁流，永不停住。行昌讲的是《涅槃经》中所说，下文是惠能大师依据禅宗教法所做的解释。

⑧心印：禅宗主张不用语言文字，而直接以心相印证，顿悟成佛，称为心印。

⑨尼：比丘尼，俗称尼姑。

⑩委曲：详细。

⑪八倒：指凡俗之人所执迷的八种颠倒的错误见解。凡俗之人有四倒，即对生死的无常、无乐、无我、无净，执定为常、乐、我、净。二乘人有四倒，即对涅槃的常、乐、我、净，执定为无常、无乐、无我、无净。此二种合为八倒。

⑫了义教：指如实地诠释佛理的教法。

述意

　　自禅宗分化为南北二宗之后，二宗的宗主惠能和神秀都没有派系之争，不分彼此，而且互相赞扬，这本有利于弘扬佛法。但是他们的门徒却各立门户之见，竞起爱憎。神秀的弟子却买通行昌前去刺杀惠能。行昌被大师感动，出家修行，悔过自新。后来又到惠能那里，请教《涅槃经》中有关"有常、无常"的佛义。惠能从自性清净之理，开示行昌：佛性既有常也无常，因为佛法是活泼的，全在自觉自悟。

经 语 精 华

《宗镜录》："圣说真如为凝然者，此是随缘成染净时，恒作染净而不失自体，即是不异无常之常，名不思议常。"

隋·智颤《四教仪集注》："三谛圆融，不可思议，名曰圆妙。"

有一童子，名神会①，襄阳高氏子②。年十三，自玉泉来参礼。

师曰："知识远来艰辛，还将得本来否③？若有本，则合识主④。试说看。"

会曰："以无住为本，见即是主。"

师曰："这沙弥争合取次语⑤！"

会乃问曰："和尚坐禅，还见不见？"

师以柱杖打三下⑥，云："吾打汝痛不痛？"

对曰："亦痛亦不痛。"

师曰："吾亦见亦不见。"

神会问："如何是亦见亦不见？"

师曰："吾之所见，常见自心过愆⑦，不见他人是非好恶，是以亦见亦不见。汝言亦痛亦不痛如何？汝若不痛，同其木石；若痛，则同凡夫，即起恚恨⑧。汝向前见、不见是二边，痛、不痛是生灭。汝自牲且不见，敢尔弄人！"

神会礼拜悔谢。

师又曰："汝若心迷不见，问善知识觅路。汝若心悟，即自见牲，依法修行。汝自迷不见自心，却来问吾见与不见。吾见自知，岂代汝迷？汝若自见，亦不代吾迷。何不自知自见？乃问吾见与不见。"

神会再礼百余拜，求谢过愆，服勤给侍，不离左右。

一日，师告众曰："吾有一物，无头无尾，无名无字，无背无面，诸人还识否？"

神会出曰："是诸佛之本源，神会之佛性。"

师曰："向汝道无名无字，汝便唤作本源佛性。汝向去有把茅盖头⑨，也只成个知解宗徒⑩。"

祖师灭后，会入京洛⑪，大弘曹溪顿教，著《显宗记》⑫，盛行于世，是为荷泽禅师。

师见诸宗难问⑬，咸起恶心，多集座下，愍而谓曰："学道之人，一切善念恶念，应当尽除。无名可名⑭，名于自性。无二之性，是名实性。于实性上建立一切教门，言下便须自见。"

诸人闻说，总皆作礼，请事为师。

译文

有一个童子，名字叫神会，襄阳一家姓高的儿子。十三岁时，从玉泉寺前来参见礼敬惠能大师。

惠能大师说道："善知识从远方前来，历经艰难辛苦，还能识见事物的本来面目不能？如果识见事物的本来面目，就应当识见主体。你试着说说看。"

神会说道："无住是事物的本来面目，识见就是主体。"

惠能大师说道："你这个小沙弥怎么能如此轻率地说话！"

神会就问道："大和尚你坐禅，识见佛性了还是没识见？"

惠能大师用禅杖打了神会三下，问道："我打你，疼还是不疼？"

神会回答说："也疼也不疼。"

惠能大师说道："我也识见了，也没识见。"

神会问道："什么叫做也识见了，也没识见？"

惠能大师回答说："我所说的识见，是指经常识见自己内心的过错，未见别人的是非

善恶，因此说也识见了，也没识见。你说也疼也不疼是什么意思？你如果不疼，你就如同那些草木石块；你如果说疼，你就如同凡夫俗子，会生起愤怒怨恨之心。你先前的见和不见是两种偏见，痛与不痛是以有生灭为法。你的自我本性尚且你没有识见，竟敢胡弄人！"

神会向惠能大师致礼参拜，表示悔过谢罪。

惠能大师又问道："你如果自心愚迷，不能识见本性，就要询问善知识，从他们那里寻取入门的路径。你如果自心开悟，就会识见自我的本性，依照此法修行。你自己愚迷，不能识见自我本心，却来问我识见佛性还是不识见佛性。我识见佛性，我自己知道，难道能代替你的愚迷？你如果能够识见自我本性，也不能代替我的愚迷。为什么不能自我认知、自我识见？竟问我识见佛性还是没有识见佛性。"

神会又一次向惠能大师敬礼，参拜了一百多遍。

有一天，惠能大师告诉众人说："我有一件东西，没有头没有尾，没有名没有字，没有背面没有正面，众位知道不知道它是什么？"

神会走出来说道："这是一切佛的本源，是神会我的佛性。"

惠能大师说道："对你说了没有名没有字，你却把它叫做本源佛性。你将来从偏位归于正位，修建茅庵来修行，也只能成为一个靠佛经的文字来修行的僧徒。"

六祖惠能大师圆寂后，神会来到京城长安和东都洛阳，大力弘扬曹溪山惠能大师的顿悟教法，写作了《显宗记》，在世间广为流传。这就是荷泽禅师。

惠能大师在世时，看到各个宗派之间互相责难辩驳，弟子们都生起了攻讦对方邪恶之心，大师就把弟子们召集到讲坛之下，忧虑地对众人说："修习佛道的人，一切善念恶念，应当全部除掉。没有什么名相可以称呼，用来称呼自我的本性。没有分别的自我本性，这就叫做实性。在实性上建立一切教派法门，在解说之时就要自我识见本性。"

众人听了惠能大师的说法，全都致敬礼拜请求事奉大师，并给予教化。

◎五百罗汉·应身观音◎

此图为画家一百幅《五百罗汉图》之一。图中央画一位十一面观音，坐于方椅上，左右有四位罗汉。从服饰、赤足及身体的肤色可知这位十一面观音应是罗汉所现。

注释

①神会（公元668年—公元760年）：禅宗的荷泽宗之祖。年幼时学习儒家五经、道家《老子》、《庄子》以及多种史籍。后来投国昌寺颢元出家，十三岁拜见惠能大师，惠能圆寂后，神会参访四方。唐玄宗开元二十年（公元732年），在河南滑台大云寺设无遮大会，极力攻击神秀一门，确立南宗惠能一系为正统。著《显宗记》，定惠能为顿宗，神秀为渐教，从此而有"南顿北渐"之名。圆寂后敕谥"真宗大师"。

②襄阳：今属河南省。

③本：此指事物的本来面目。

④主：主体。

⑤沙弥：梵语称室罗末尼罗，意译为息慈，或译为求寂。佛教指出家为僧的男子已受十戒者。取次：造次，轻率。

⑥柱杖：拄的手杖，此指禅杖。

⑦过愆（qiān）：过错，错误。

⑧恚（huì）恨：愤怒，怨恨。

⑨向去：指从偏位向于正位。把茅盖头：取茅草建草庵栖身。

⑩知解宗徒：靠阅读理解佛经文字来修行的僧人。

⑪京洛：唐朝的京城长安和东都洛阳。

⑫《显宗记》：全称《荷泽大师显宗记》，全篇五百六十字。神会于天宝四年（公元745年）在滑台反驳北宗的攻击而著此书，以阐述南宗顿悟为宗旨，并论述了传衣在禅宗传承中的重要性。

⑬诸宗：指佛教的各个宗派。

⑭名：名相。

述意

此段记述惠能大师与沙弥神会的问答。惠能针对神会挨打所说"亦痛亦不痛"的说法，指出他的错误，说是"不痛"，那就如同木石一样无心无知觉，说是"痛"，就如同凡夫一样，会生起瞋恚怨恨之心，就不能承受法水的滋润。这就落入生灭之法，还没有识见自我本性。

经 语 精 华

《高僧传》介绍神会说："年方幼学，听说岭表曹溪惠能六祖禅法盛行，特仿效善财童子南询，专去岭表参访，路行千里，走破两足，不以为苦。"

明·陈继儒《小窗幽记》："耳根似飙谷投听，过而不留，则是非俱谢；心境如月池浸色，空而不着，则物我两忘。"

◎俗　语◎

常见己过，不见人非。

一六九

护法品第九

品　鉴

　　护法，即护持佛法，使佛法得以发扬光大。上自帝王下至百官以及信众都应护法。本品记述武则天、唐中宗派内侍薛简迎请惠能到宫中供养，即是护法之举。惠能以患病为由，上表推辞。后来朝廷又给惠能颁赐袈裟、水晶钵，敕命修饰寺宇等，也是在说明护法的重要。本品在记述惠能回答薛简所问之时，又一次强调自性体悟是获得佛法的根本途径。

神龙元年上元日①，则天、中宗诏云②：
朕请安秀二师③，宫中供养。万
机之暇，每究一乘④，二师
推让云：'南方有能禅
师，密授忍大师衣法，
传佛心印，可请波
问。'今遣内侍薛简，
驰诏迎请，愿师慈念，
速赴上京⑤。"

师上表辞疾，愿终林
麓⑥。

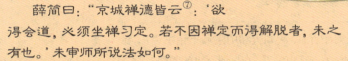

◎迎真身素面金钵盂◎

薛简曰："京城禅德皆云⑦：'欲
得会道，必须坐禅习定。若不因禅定而得解脱者，未之
有也。'未审师所说法如何。"

师曰："道由心悟，岂在坐也？经云：'若言如来若坐
若卧，是行邪道。'何故？无所从来，亦无所去，无生无
灭，是如来清净禅⑧。诸法空寂，是如来清净坐。究竟无
证⑨，岂况坐耶？"

简曰："弟子回京，主上必问。愿师慈悲，指示心
要，传奏两宫，及京城学道者。譬如一灯，然百千灯⑩，冥
者皆明，明明无尽。"

师云："道无明暗，明暗是代谢之义。明明无尽，亦
是有尽，相待立名。故《净名经》云⑪：'法无有比，无相
待故。'"

简曰："明喻智慧，暗喻烦恼。修道之人，倘不以智
慧照破烦恼，无始生死，凭何出离？"

师曰："烦恼即是菩提，无二无别。若以智慧照破烦
恼者，此是二乘见解⑫，羊鹿等机⑬。上智大根，悉不如
是。"

简曰："如何是大乘见解？"

师曰："明与无明⑭，凡夫见二；智者了达，其性无
二。无二之性，即是实性。实性者，处凡愚而不减，在贤

圣而不增；住烦恼而不乱，居禅定而不寂。不断不常，不来不去，不在中间，及其内外。不生不灭，性相如如，常住不迁，名之曰道。"

简曰："师说不生不灭，何异外道？"

师曰："外道所说不生不灭者，将灭止生，以生显灭，灭犹不灭，生说不生。我说不生不灭者，本自无生，今亦不灭，所以不同外道。汝若欲知心要，但一切善恶，都莫思量，自然得入清净心体，湛然常寂，妙用恒沙⑮。"

简蒙指教，豁然大悟。礼辞归阙⑯，表奏师语。

译文

　　唐中宗神龙元年正月十五日，武则天和中宗颁下诏书说："我迎请慧安、神秀两位大师，前来宫中供养。在日理万机的闲暇之时，每次探究一乘的成佛教法，两位大师都很谦让，而推举惠能大师，说道：'南方有位惠能禅师，五祖弘忍大师把衣钵和教法秘密地传授给他，他得传了佛法的心印，可以迎请他前来以便咨询。'现在派遣内侍薛简急速前去宣布诏旨，迎请惠能大师，希望大师以慈悲为怀，尽快赶赴京城。"

　　惠能大师呈上表文，以有病为由推辞了召请，表示自己愿意终老山林，不入红尘。

　　薛简来到曹溪山，见到惠能大师之后，说道："京城里修行禅宗而具有高深禅学的僧人都说：'想要能够领会佛道，必须坐禅修定。如果不凭借坐禅修定而能够得到解脱的人，还从来不曾有过这样的人。'我不知道大师所讲说的教法是什么样的。"

　　惠能大师说："成就佛道要依靠自心开悟，难道是在于打坐吗？佛经中说：'如果说如来佛像似在坐像似在卧，这是在修行邪道。'如此说，是什么原因？没有所来的地

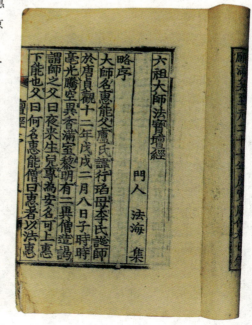

方，也没有所去的地方，没有生成也没有毁灭，这就是如来佛的清净禅。一切事物和现象都虚空寂幻，这就是如来佛的清净坐。最终的解脱没有方法印证，何况是打坐呢？"

薛简说道："弟子我回到京城，太后和皇上一定会问起大师你的教法，希望大师大发慈悲，为我指点开示悟道的心得要旨，以便我回京后传达禀奏给太后和皇上两宫，以及京城中学习佛道的人。这就好比一盏灯，能点燃成百成千盏灯，昏暗的都得到光明，处处光明无穷无尽。"

惠能大师说道："佛道没有光明和黑暗的分别，光明和黑暗是互为代谢的意思。说光明处处无穷无尽，其实也是有尽头的，光明和黑暗是以互相对待为条件而建立其名称的。所以《净名经》中说：'佛法没有可以与之相比的事物，是因为没有什么事物可以与之相对应的缘故。'"

薛简说道："用光明比喻智慧，用黑暗比喻烦恼。修行佛道的人，如果不用智慧观照破除烦恼，没有起始的生死，凭借什么来超离？"

惠能大师说道："烦恼即是菩提，它们不是两种东西，也就没有区别。如果用智慧观照破除烦恼，这是二乘——声闻乘、缘觉乘的见解，是乘坐羊车、鹿车之人的认识。具有上智和大根器的人，都不作这种理解。"

薛简问道："怎样才算是大乘的见解？"

惠能大师说道："光明智慧和暗昧烦恼，平常的人见到的是两种性质，智慧的人明了通达，懂得它们的性质不是两种，没有区别。这没有两种、没有区别的性质，就是真实的佛性。真实的佛性，处在凡夫愚迷之人那里也不会减少，处在贤达圣明之人那里也不会增多；处在烦恼之中也不会凌乱，处在禅定之中也不会寂灭。不能断绝也不能永驻，不能前来也不能离去，既不存在于中间，也不存在于内部和外部。不能生成也不能毁灭，本性和相状真如常住，永恒存在没有变化，把这叫做佛道。"

薛简问道："大师所说的不能生成也不能毁灭，这与外道有什么

◎十六罗汉图·诺距罗◎
传说诺距罗尊者原是一名勇猛的战士，后来出家，佛祖让他静坐修行，以摒弃当兵时的粗野性格，后虽修成罗汉，但他静坐时仍有一股威猛之气。

不同？"

　　惠能大师答道："外道所说的不能生成不能毁灭的意思，是用
毁灭止熄生成，用生成来彰显毁灭，这种毁灭等于不毁灭，生成等
于说不生成。我所说的不能生成不能毁灭，是原本就没有生成，现
在也没有毁灭，这就是不同于外道的根据。你如果想要知道心得要
旨，只要对一切善良和丑恶的万事万相，全都不要去思想度量，就
自然地能够悟到清净的本心，它清澈明净，永恒寂静，其玄妙之用
如同恒河的细沙一样多。"

　　薛简受到了惠能大师的指示教化，豁然大悟。向惠能大师敬礼
告辞，回到皇宫，向太后和皇上上了表文，转奏了惠能大师的教化
之语。

注释

①神龙元年：公元705年。神龙是唐中宗李显的年号。上元：农历正月十五日。

②则天：武则天，此时她已退位为太后。

③安：指慧安国师，弘忍大师的弟子。因其常住嵩山，又称嵩山慧安。秀：指主持荆南玉泉寺的北宗神秀大师。

④一乘：指佛乘，又称"一佛乘"、"一乘法"等。这里指成佛的教法。"乘"有运载的意思。佛教称解释教义深浅的等级为乘，如说小乘、大乘、上乘等。

⑤上京：唐代京城西安。

⑥麓(lù)：山脚。

⑦禅德：具有高深修禅的僧人。

⑧如来清净禅："如来禅"的全称，《楞伽经》所说的四种禅之一，是如来直传之禅。此禅的宗旨是顿悟自心本来清净、没有烦恼，这种清净心与佛相同，此心即佛。

⑨究竟：最终，到尽头。

⑩然：同"燃"。

⑪《净名经》：《维摩诘经》的异称。

⑫二乘：指声闻乘、缘觉乘。二乘度化的众生较少。

⑬羊鹿：指羊车、鹿车。佛教有"三车"之说。羊车比喻声闻乘，鹿车比喻缘觉乘，牛车比喻大乘，能普度众生。

⑭明：指智慧、学识。无明：即无智慧，是烦恼的别称，意为暗昧事物。

⑮恒沙：印度恒河之沙，极言其多。

⑯阙：皇宫、祠庙、陵墓前两边的高大建筑物，中间是道路，引申为皇帝居处的代称。

述意

　　此段首先记述武则天和唐中宗诏请惠能大师进京讲说佛法，而惠能却以有病婉辞。这表现了惠能心地清净，不贪恋尘世的荣华声名。本段的中心是惠能回答内侍薛简的问题。一是说明坐禅只是修道的一种形式，如果身心没有所悟，修禅坐定并没有什么用处。二是说明烦恼、黑暗、智慧、光明都是无始无终、不生不灭，因为它们原本就不存在。三是说明"明与无明"是没有区别的，只是凡夫认为有区别，而智者了达其性无二。

经 语 精 华

《宗镜录》："偶斯玄化，如甘露入顶，醍醐之灌心，注一味之智水，洗异地之妄尘；能令厚障深遮，若暴风之卷叶；繁凝积聚，犹赫日之烁轻冰。"

宋·释道原《景德传灯录》："崇岳惠安国师，荆州枝江人。唐贞观中，至黄梅谒忍祖，遂得心要。武后征至辇下，待以师礼，与神秀禅师，同加钦重。"

　　其年九月三日①，有诏奖谕师曰："师辞老疾，为朕修道，国之福田。师若净名②，托疾毗耶③，阐扬大乘，传诸佛心，谈不二法。薛简传师指授如来知见，朕积善余庆，宿种善根④。值师出世，顿悟上乘，感荷师恩，顶戴无已⑤。并奉磨衲袈裟及水晶钵⑥，敕韶州刺史修饰寺宇，赐师旧居为国恩寺。"

 译文

　　这一年九月三日，皇上颁下诏书褒奖晓谕惠能大师说："大师以年老有病辞去了召请，为朕修行佛道，这是给国家获得福祉。大师就如同净名佛一样，在毗耶离城身患疾病，却阐发弘扬大乘佛法，传授一切佛的心印，宣讲佛性无二的教法。内侍薛简转达了大师所指教传授的如来佛的明智见解，我积累的善举获得了许多上天赐予的恩泽，是因为前世种下了善根。恰好遇到大师降临世间施行教化，使我顿悟上乘佛法，深感承受了大师的恩德，致敬礼拜不尽。一并奉送磨衲袈裟和水晶钵，诏命韶州刺史修葺整饰寺院殿宇，给大师的旧居赐名为国恩寺。"

注释

①其年：指神龙元年。

②净名：毗摩罗诘佛的别称，又音译为维摩诘。

③毗耶：即毗耶离城，在天竺国，是维摩诘的所居之处。

④宿种：前世种下。

⑤顶戴：顶礼敬重。

⑥磨衲袈裟：一种袈裟。磨，指紫磨，绫罗中的一种，属于精致的丝织品。衲，僧衣。

述意

此段记述大唐朝廷颁发诏书对惠能大师予以褒奖。诏旨肯定了惠能弘扬佛法的重大贡献，对其感恩戴德，从而使禅宗之学更加得以发扬光大。这是天子的护法之举。

◎ 俗 语 ◎
了心悟性，俗即是僧。

◎ 成 语 ◎
积善余庆

付嘱品第十

　　惠能在自知即将寂灭之时，召集门下弟子，做最后的嘱咐，以免人去法亡。本品在嘱咐之中，惠能对禅宗的弘扬做了简要的总结，概述了禅宗的法统和历代祖师的谱系。同时，在说法之中，再次强调禅宗的主旨："外于相离相，内于空离空。"修行要明心见性，因为自我本性中就有真佛。他留下了"真假动静偈"和"自性真佛偈"等偈语，告诫弟子依此修行，自见本心，自成佛道。

师一日唤门人法海、志诚、法达、神会、智常、智通、志彻、志道、法珍、法如等，曰：

"汝等不同余人，吾灭度后①，各为一方师。吾今教汝说法，不失本宗②。"

"先须举三科法门③，动用三十六对④，出没即离两边。说一切法，莫离自性。忽有人问汝法，出语尽双，皆取对法，来去相因。究竟二法尽除⑤，更无去处。"

"三科法门者，阴、界、入也。阴是五阴，色、受、想、行、识是也。入是十二入，外六尘：色、声、香、味、触、法；内六门，眼、耳、鼻、舌、身、意是也。界是十八界，六尘、六门、六识是也⑥。自性能含万法，名含藏识。若起思量，即是转识⑦。生六识，出六门，见六尘，如是一十八界，皆从自性起用。"

"自性若邪，起十八邪；自性若正，起十八正。若恶用即众生用，善用即佛用。用由何等？由自性有。"

"对法外境，无情五对：天与地对，日与月对，明与暗对，阴与阳对，水与火对，此是五对也。"

"法相语言十二对⑧：语与法对，有与无对⑨，有色与无色对，有相与无相对⑩，有漏与无漏对⑪，色与空对⑫，动与静对，清与浊对，凡与圣对，僧与俗对，老与少对，大与小对，此是十二对也。"

"自性起用十九对：长与短对，邪与正对，痴与慧对，愚与智对，乱与定对，慈与毒对，戒与非对，直与曲对，实与虚对，险与平对，烦恼与菩提对，常与无常对，悲与害对，喜与嗔对，舍与悭对⑬，进与退对，生与灭对，法身与色身对，化身与报身对，此是十九对也。"

师言："此三十六对法，若解用，即道贯一切经法，出入即离两边。"

"自性动用，共人言语，外于相离相，内于空离空。若全著相，即长邪见；若全执空，即长无明。执空之人有谤经，直言不用文字。既云不用文字，人亦不合语言；只此语言，便是文字之相。又云直道不立文字，即此'不立'两字，亦是文字。见人所说，便即谤他言著文字，汝等须知自迷犹可，又谤佛经；不要谤经，罪障无数。"

"若著相于外，而作法求真；或广立道场，说有无之过患，如是之人，累劫不得见性。但听依法修行，又莫百物不思，而于道性窒碍。若听说不修，令人反生邪念。但依法修行，无住相法施。汝等若悟，依此说，依此用，依此行，依此作，即不失本宗。"

"若有人问汝义，问有将无对，问无将有对；问凡以圣对，问圣以凡对。二道相因⑭，生中道义⑮。"

"如一问一对，余问一依此作，即不失理也。设有人问：'何名为暗？'答云：'明是因，暗是缘，明没即暗。以明显暗，以暗显明，来去相因，成中道义。'余问悉皆如此。汝等于后传法，依此转相教授，勿失宗旨。"

译文

有一天，惠能大师叫来门徒法海、志诚、法达、神会、智常、智通、志彻、志道、法珍、法如等人，对他们说道：

"你们这一批人不同于其他的人，我圆寂以后，你们各自要成为一方弘扬佛法禅宗的师父。我现在教给你们讲说佛法的方法，不要丧失我们禅宗的宗旨。"

"宜讲佛法，首先要列举三科法门，运用三十六对相对之法，话语的说出和结束都要脱离两边。讲说一切法之时，一定不要离开自我本性。如果突然有人问你佛法，你说出的话语必须是全都对应成双的，都要取相对的方法，话语的前后要互相依存对应。从始至终要把生与灭、有与无二法全都除尽，再没有什么可执著之处。"

"三科法门的内容是：阴、界、入。阴是五阴（也叫五蕴），色、受、想、行、识等这些就是五阴的内容。入是十二入，包括身外六尘：色、声、香、味、触、法；身内六门：眼、耳、鼻、舌、身、意等就是这些。界是十八界，六尘、六门、六识等就属于这些。自我本性能含藏万事万物万相，这叫做含藏识。如果生起区别它们的思索度量，就是转识。生起眼识、耳识、鼻识、舌识、身识、意识这六识。六识产生于眼、耳、鼻、舌、身、意这六门，由此识见了色、声、香、味、触、法这六尘，像上述的这样十八界，都是从自我本性中生起并发挥作用的。"

"自我本性如果邪恶，就会生起十八种邪恶之念；自我本性如果正直，就会生起十八种正直之念，如果恶念起用就是众生之用，善念起用就是佛之用。是善念之用还是恶念之用由什么决定的？由自我本性之所有来决定。"

"前文所述的三十六对法在外界方面，无情的事物有五对：天空与大地相对，太阳与月亮相对，光明与黑暗相对，阴与阳相对，水与火相对，这就是无情的五对。"

"诸法的本质、相状和语言方面有十二对：语言与佛法相对，有与无相对，有色与无色相对，有相与无相相对，有漏与无漏相对，色与空相对，动与静相对，清澈与浑浊相对，凡夫与圣人相对，僧人与俗人相对，老年与少年相对，大与小相对，这是法相、语言的十二对。"

"自我本性中生起的作用十九对：长与短相对，邪恶与正直相对，痴呆与聪慧相对，愚昧与智慧相对，混乱与安定相对，慈悲与歹毒相对，戒守与为非相对，端直与弯曲相对，充实与空虚相对，危险与平安相对，烦恼与菩提相对，常与无常相对，慈悲与毒害相对，欢喜与嗔怒相对，施舍与吝啬相对，前进与后退相对，生起与寂灭相对，法身与色身相对，化身与报身相对，这是自我本性起作用的十九对。"

惠能大师又说道："这三十六对相对的教法，如果理解并运用，就能贯通一切佛经与佛法，与人交谈之时，进退都能超离两个极端。"

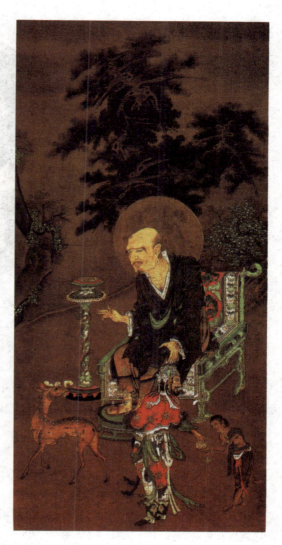

◎罗汉图◎

图中似是"十六罗汉"中的"坐鹿罗汉"宾度罗跋罗惰阇。他端坐于方椅之中，左手抚膝，右手作说法状。

"自我本性启动并发挥作用之时，与他人交谈，在外境对万事万物都超离它们的相状，在内心念头超离虚空。如果全都执著于外境的相状，就增长了邪见；如果全都执著于内心的虚空，就增长了无明愚迷。执著于虚空的人有的会诽谤佛学经典，直接说不需要文字。既然说不需要文字，人也不应该有语言，只不过这样的语言，就是文字之相。又说直行佛道不立文字，就是'不立'这两个字，它们也是文字。听到他人所说的话，就立即诽谤他人的言语执著于文字，你们这些人知道自己愚迷还情有可原，又来诽谤佛经。绝对不要诽谤佛经，如果这样做了，罪过障碍就会无法计算。"

"如果对外境执著于其相状，就会设法去求取真正的佛道，或者广泛地设立道场，讲说有无的过错灾患，像这样的人，即使经历累劫之时也不能识见自我本性。只要听从正法并照此修行，又不要百物百事都不思想，而使障碍佛道本性的完全阻塞绝断。如果只是听他人讲说而不去修行，使人反而会生起邪念。只应当依照佛法修行，不执著于外境相状而讲说佛法。你们这些人如果开悟，依照这个道理讲说，依照这个道理运用，依照这个道理修行，依照这个道理去做，就不会失去本禅宗的宗旨。"

"如果有人问你们佛法的大义，他问有你就用无来对，他问无你就用有来对；他问凡人你就用圣人来对，他问圣人你就用凡人来对。对立的两个方面是互相依存转化的，生成中正之道的义理。"

"遵照这样的一问一答，其余的问话也完全依照这种方式来作答，就不会失去佛法了。假设有人问：'什么叫做黑暗？'就回答说：'光明是因，黑暗是缘，光明消失就成了黑暗。用光明来显示出黑暗，用黑暗来显示出光明，来与去互相依存，成就了中道的义理。'其余的问话也全都照这样回答。你们这些人在今后传扬佛法时，依照这个道理互相转告、教化、传授，不要失去本禅宗的宗旨。"

注释

①灭度：意为灭障度苦，即经过修行永灭因果而证得果位。义同"涅槃"、"圆寂"。

②本宗：指惠能大师所创立的禅宗南宗。

③三科：指五蕴(也称五阳)、十二处(也称十二入)、十八界。禅宗主张用三科教化世人，破除执著，认识"无我"的佛理。

④对：指两两相对。

⑤二法：与"二相"同义，即把一切事物现象都分为相对的两种，如色与心、染与净、有为与无为等等。

⑥六识：指眼识、耳识、鼻识、舌识、身识、意识。由色、声、香、味、触、法六境而生的见、闻、嗅、味、觉、知六种认识作用。

⑦转识：指转变的认识作用。在"八识"之中，前七识眼、耳、鼻、舌、身、意、末那等都称为转识，它们依阿赖耶识，缘色、声、香、味、触、法境而转起，能转变苦、乐、舍三受，变为善、恶、无记三性。

⑧法相：指诸法所具有的本质的相状，即一切有生灭变化的现象，也含无生灭变化的永恒现象。

⑨有：指存在。无：非存在。佛教认为只有超越有与无的相对性，才是绝对的真如。

⑩有相：指有形的事相。无相：指无形相，即一切诸法本性为空。

⑪漏：指漏泄、流失，是烦恼的异名。由于烦恼所产生的过失，使人难以脱离生死苦海，称之为有漏。达到绝灭烦恼的境界，称之为无漏。

⑫色：指一切物质存在。空：指一切存在物之中，均无实体。

⑬悭：吝啬。

⑭二道：指相对的两个方面。因：凭借，依靠。

⑮中道：不偏向于任何一方的中正之道。中道是佛教倡导的根本立场。

述意

　　本段记述惠能大师教诲十位弟子在他圆寂之后，如何弘扬佛法，引渡众生，而不失顿识本心的宗旨。向大众宣讲佛法时，要先举"三科法门"，同时动用"三十六对"相对法。其核心是说一切法都不要离开自我本性，对外境要在万相中超离万相，对内心要在虚空中超离虚空。说法要有技巧，要运用彼此相对的方法。

经语精华

《宗镜录》："文字性离，即是解脱，才得见性，当下无心，若迷一切诸法之性，向心外取法，而起文字见者，还以文字对治，示其真实。"

《大乘义章》："凡谓生死凡鄙之法，夫是士夫，凡法而夫，所以名为凡夫，此犹是我人之别名。"

《大智度论》："决定而知，无所疑故，名为智义。"

◎俗语◎

学如逆水行舟，不进则退。

师于太极元年壬子①，延和七月②，命门人往新州国恩寺建塔③，仍令促工。次年夏末落成。七月一日，集徒众曰："吾至八月，欲离世间。汝等有疑，早须相问，为汝破疑，令汝迷尽。吾若去后，无人教汝。"

法海等闻，悉皆涕泣，惟有神会，神情不动，亦无涕泣。

师云："神会小师④，却得善不善等，毁誉不动，哀乐不生。余者不得，数年山中，竟修何道？汝今悲泣，为忧阿谁？若忧吾不知去处，吾自知去处，吾若不知去处，终不预报于汝。汝等悲泣，盖为不知吾去处。若知吾去处，即不合悲泣。法性本无生灭去来，汝等尽坐，吾与汝说一偈，名曰《真假动静偈》。汝等诵取此偈，与吾意同，依此修行，不失宗旨。"

众僧作礼，请师说偈。偈曰：

"一切无有真，不以见于真，
　若见于真者，是见尽非真。
　若能自有真，离假即心真，
　自心不离假，无真何处真？
　有情即解动，无情即不动，
　若修不动行，同无情不动。
　若觅真不动，动上有不动，
　不动是不动，无情无佛种。
　能善分别相，第一义不动，
　但作如此见，即是真如用。
　报诸学道人，努力须用意，
　莫于大乘门，却执生死智。
　若言下相应，即共论佛义，
　若实不相应，合掌令欢喜。
　此宗本无诤⑤，诤即失道意，
　执逆诤法门，自性入生死。"

时，徒众闻说偈已，普皆作礼。并体师意，各各摄心⑥，依法修行，更不敢诤。乃知大师不久住世，法海上座再拜问曰："和尚入灭之后，衣法当付何人？"

师曰："吾于大梵寺说法，以至于今，抄录流行，目曰《法宝坛经》。汝等守护，递相传授，度诸群生。但依此说，是名正法。今为汝等说法，不付其衣。盖为汝等信根淳熟⑦，决定无疑，堪任大事。然据先祖达摩大师付授偈意，衣不合传。偈曰：

> '吾本来兹土，传法救迷情[8]。
>
> 一华开五叶[9]，结果自然成。'"

师复曰："诸善知识！汝等各各净心，听吾说法。若欲成就种智[10]，须达一相三昧[11]，一行三昧[12]。若于一切处而不住相，于波相中不生憎爱，亦无取舍，不念利益成坏等事，安闲恬静，虚融澹泊，此名一相三昧。若于一切处，行住坐卧，纯一直心，不动道场，真成净土，此名一行三昧。若人具二三昧，如地有种，含藏长养，成熟其实。一相一行，亦复如是。"

"我今说法，犹如时雨，普润大地。汝等佛性，譬诸种子，遇兹沾洽[13]，悉得发生。承吾旨者，决获菩提；依吾行者，定证妙果。听吾偈曰：

> 心地含诸种，普雨悉皆萌，
>
> 顿悟华情已，菩提果自成。"

师说偈已，曰："其法无二，其心亦然。其道清净，亦无诸相。汝等慎勿观静，及空其心。此心本净，无可取舍，各自努力，随缘好去。"

尔时徒众作礼而退。

译文

惠能大师在太极元年，那年是壬子年，也是延和元年的七月，命令门徒前往新州国恩寺修建佛塔，接着又命令人前去催促加紧施工。第二年夏季的末尾佛塔建成了。七月一日，惠能大师召集众门徒，说道："我到八月，将要离开人世间。你们这些人有什么疑问，要早些来问我，我会给你们破除疑难，让你们的迷惑除尽。我如果去世之后，就没有人教化你们了。"

弟子法海等人听完了话，全都流泪哭泣。只有神会的神色表情没有变化，也没流泪哭泣。

惠能大师说道："神会小师已经悟到了善与不善是同样无别的，对诋毁或赞誉都不动心，悲

哀欢乐都不生起。其余的人还没有做到
这一点。好多年来在山修行，直至现
在修了什么道？你们现在悲伤哭
泣，是在为谁忧伤？如果是为
我不知去的地方忧伤，其实我
自己知道我去的地方。我如
果不知道我去的地方，终究
是不会预先通报给你们的。
你们这些人悲伤哭泣，是因
为不知道我去的地方。如果知
道我去的地方，就不应该悲伤
哭泣。佛法的本性原本没有生灭
去来。你们这些人全都坐下，我给你
们说一首偈语，偈名叫《真假动静偈》。
你们这些人念诵取用这首偈语，就和我的心意
相同，依照这首偈语修行，就不会失去禅宗的宗旨。"

众僧人全都行礼，请惠能大师说出偈语。惠能大师的偈语说：

"世间一切本来没有真，不必用心思见所谓真，
　　如果说有见到真的人，所见到的全都不是真。
　　如果自我本性能有真，超离了假象就是心真。
　　自我本心不超离假象，原本无真哪里会有真？
　　心中若有情就会心动，心中若无情心就不动，
　　如果修行不动的功夫，要同于心中无情不动。
　　如果要觅取真正不动，在动态上也有真不动，
　　心不动才是真正不动，要心中无情也无佛种。
　　能够善于区别一切相，第一是要做到心不动，
　　只要能有这样的识见，就是达到了真如功用。
　　通报众位学佛道之人，努力修禅必须用心意，
　　千万不要在大乘门中，却执著于生死的智慧。
　　如果说话间能相应和，就一起讲论佛理奥义，
　　如果实在是不能应和，双手合十让大家欢喜。
　　这门禅宗原本没争辩，争辩就失去修道本意，
　　执著违逆争辩各门派，自我本性就进入生死。"

这时,众门徒听完偈语以后,全都行礼致敬,一起体悟了惠能大师的深意,每人各自收回狂妄之心,依照禅宗的法门修行,再不敢互相争辩。由于知道了惠能大师居住在人世间不会长了,法海上座两次礼拜惠能大师,问道:"大和尚圆寂之后,衣钵教法应当传授给什么人?"

惠能大师说道:"我在大梵寺讲说佛法,一直到现在,所宣讲的内容已被抄录下来并传布开来,名目叫做《法宝坛经》。你们这些人要守住护持,一个接一个地传播指授,去度化一切众生。只要依照这部经书去讲说,就叫做真正的佛法。现在只为你们这些人讲说佛法,不再传付法衣袈裟。因为你们这些人笃信佛理的根器精淳成熟,已经达到正定而没有疑惑,能够担任弘扬佛法的大事了。既然如此,依据先祖达摩大师嘱咐传授的偈语的本义,法衣袈裟不应该传下去。达摩大师的偈语说:

'我来到这片国土,传授佛法救众生。

一花开出五片叶,结出硕果自然成。'"

惠能大师又说道:"众位善知识! 你们这些人各自使心念清净,听我讲说佛法。如果想要成就佛陀的智慧,必须达到一相三昧和一行三昧。如果在一切外境之中而能不执著于万事万相,对于

那些万事万相不生起憎恶和爱恋，也不去索取和舍弃，不思量利益、成功和失败等事情，安然自在恬然宁静，虚空圆融淡泊名利，这叫做一相三昧。如果在一切地方，或行或住或坐或卧，使心念纯净专一，不依赖寺院所具有的道场，所有的地方就都是真是净土，这叫做一行三昧。如果人们具备了这两个三昧，就好像土地上有了种子，经过蕴含保藏、养护成长，使果实得以成熟。一相三昧、一行三昧也如同这样。"

"我现在讲说佛法，就如同降下及时雨，普遍滋润大地。你们这些人的佛性，就如同种子，遇到这些丰泽的及时雨，都能发芽生长。承受我的宗旨的人，一定能获得菩提智慧；依照我的教法修行的人，一定会证悟佛道妙果。听听我的偈语吧。偈语说：

> 心地蕴含着良种，遇雨就全都萌生，
> 顿悟已经得花情，菩提善果自长成。"

惠能大师说完偈语之后，又说道："佛法没有两种法，本心也是这样。佛道清净，也没有一切相状。你们这些人要谨慎，不要执著于观静以及使自心虚空。人们的心地原本就清净，没有什么可取可舍的，各自努力修行，好好随顺因缘离去吧。"

这时，众门徒行礼致敬退了下去。

注释

①太极元年：公元712年。太极是唐睿宗改元的年号。壬子是这一年的干支纪年。

②延和：唐睿宗又在公元712年的5月改元为延和。

③新州：故城在今广东新兴县境内。国恩寺：原名龙山寺，武则天赐名国恩寺。

④小师：是对受具足戒未满十年的僧人的称呼。

⑤诤：争论，争辩。

⑥摄心：收心，收回狂妄之心。

⑦信根：即笃信佛理的根器。

⑧迷情：指迷惑的众生（有情之人）。

⑨一华开五叶：五叶代表五代，指禅宗在中土的第一代祖师菩提达摩以下的二祖至六祖的五位大师：慧可、僧璨、道信、弘忍、惠能。另一说唐末五代时期形成的曹洞宗、法眼宗、云门宗、沩仰宗、临济宗，被称为禅宗五家，五叶指此五个宗派。华，同"花"。

⑩种智："一切种智"的省称。意为佛陀具有了知一切种种法的智慧。只有佛陀有一切种智。

⑪一相三昧：禅定的名称。一相指平等无差别的真如相。三昧指排除一切杂念，使心神平静的状态。

⑫一行三昧：禅定的名称，其意与"一相三昧"大致相同。一相三昧强调的是不执著于相，而一行三昧强调的是不执著于修禅时的姿势。

⑬沾洽：雨泽丰足。

述意

惠能大师在此段中预示自己即将寂灭，要为众弟子做最后的答疑解惑。弟子之中唯神会不悲泣，惠能称赞已达到善与不善同样对待的境界，做到了哀乐不生。因为法性本来圆满湛寂，无生无灭，无去无来，只是愚迷者妄见生灭，只见幻相，不能识见本性。惠能留下的《真假动静偈》，主要告诫弟子：要领悟动上有不动的真如妙性，应当明白不生不灭本性，不是到什么地方去求取，不在生灭之外另有不生不灭可取。

 经　语　精　华

《遗教经》:"(惠能大师说)汝等若于苦等四谛有所疑者可疾问之,毋得怀疑不求决也。"

《维摩诘经·佛国品》:"能善分别诸法相,于第一义而不动。"

《指月经》:"初祖对二祖慧可曰:'内传法印以契证心,外传袈裟以定宗旨,后世浇薄,疑虑竞生,云吾西天之人,言汝此方之子,凭何得法?以何证之?汝今受此衣法,却后难生,但出此衣,并吾法偈,用以表明,其化无碍。吾灭后二百年,衣止不传,法周沙界。'"

大师七月八日，忽谓门人曰："吾欲归新州，汝等速理舟楫[①]。"

大众哀留甚坚。

师曰："诸佛出现，犹示涅槃，有来必去，理亦常然。吾此形骸，归必有所。"

众曰："师从此去，早晚可回？"

师曰："叶落归根，来时无口[②]。"

又问曰："正法眼藏，传付何人？"

师曰："有道者得，无心者通。"

又问："后莫有难否？"

师曰："吾灭后五六年，当有一人来取吾首。听吾记曰[③]：

　　头上养亲，

　　口里须餐；

　　遇满之难，

　　杨柳为官。"

又云[④]："吾去七十年，有二菩萨，从东方来，一出家，一在家，同时兴化，建立吾宗，缔缉伽蓝[⑤]，昌隆法嗣。"

问曰："未知从上佛祖应现已来，传授几代？愿垂开示。"

师云："古佛应世，已无数量，不可计也。今以七佛为始，过去庄严劫，毗婆尸佛、尸弃佛、毗舍浮佛；今贤劫，拘留孙佛、拘那含牟尼佛、迦叶佛、释迦文佛，是为七佛。已上七佛，今以释迦文佛首传，第一，摩诃迦叶尊者；第二，阿难尊者；第三，商那和修尊者；第四，优波鞠多尊者；第五，提多迦尊者；第六，弥遮迦尊者；第七，婆须密多尊者；第八，佛驮难提尊者；第九，伏驮密多尊者；第十，胁尊者；十一，富那夜奢尊者；十二，马鸣大士；十三，迦毗摩罗尊者；十四，龙树大士；十五，迦那提婆尊者；十六，罗睺罗多尊者；十七，僧伽难提尊者；十八，伽耶舍多尊者；十九，鸠摩罗多尊者；二十，阇耶多尊者；二十一，婆修盘头尊者；二十二，摩拏罗尊者；二十三，鹤勒那尊者；二十四，师子尊者；二十五，婆舍斯多尊者；二十六，不如密多尊者；二十七，般若多罗尊者；二十八，菩提达摩尊者；二十九，慧可大师；三十，僧璨大师；三十一，道信大师；三十二，弘忍大师；惠能是为三十三祖。从上诸祖各有禀承。汝等向后递代流传，毋令乖误[⑥]。"

译文

惠能大师在七月八日那天，忽然对弟子们说道："我想要回新州去，你们这些人尽快准备船只。"

众弟子哀求挽留，十分坚决。

惠能大师说道："一切佛出现，也指示涅槃，有来必定有去，道理也总是这样。我这具形骸，也必定有回归的地方。"

众弟子问道："大师从这里离去以后，什么时候能回来？"

惠能大师答道："叶落归根，我从来没有讲过什么话。"

众弟子又问道："佛教正法，大师要传授交付给哪个人？"

大师回答说："领悟佛道的人会得到，没有执著之心的人会通达。"

众弟子又问道："大师以后该不会有劫难吧？"

惠能大师回答说："我圆寂后五六年，会有一个人前来窃取我的头颅。听我的偈语吧：

头项之上奉养双亲，
嘴巴里面需要用餐。
必定遭遇犯罪之难，
杨姓柳姓为官审案。"

惠能大师又说道："我圆寂后七十年，有两位菩萨从东方前来，一位是出家僧人，一位是在家修行的居士，他们同时大兴教化，建立我们禅宗，修建寺院，继嗣佛法禅宗，使其昌盛兴隆。"

众弟子问道："我们不知道从最初佛祖现身教化以来，至今传授了多少代？希望大师给予开导明示。"

惠能大师回答说："从远古的佛出现在世间，已经无数了，不可计算。现

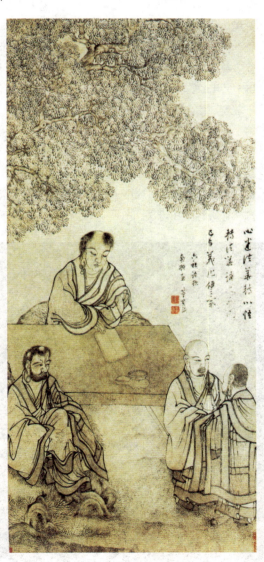

◎六祖像图◎
此图以白描手法画禅宗南宗创始人惠能诵经于菩提树下，前有三僧或坐或立，似在辩论经义。图中惠能清眉秀目，尚未剃度，应是东山踏碓时的装束。

在把七佛作为开始，在过去庄严劫之时，有毗婆尸佛、尸弃佛、毗舍浮佛；在今贤劫之时，有拘留孙佛、拘那含牟尼佛、迦叶佛、释迦牟尼佛，这几位就是七佛。以上七佛，现在以释迦牟尼佛为首传，以下依次传法者，第一代，摩诃迦叶尊者；第二代，阿难尊者；第三代，商那和修尊者；第四代，优波鞠多尊者；第五代，提多迦尊者；第六代，弥遮迦尊者；第七代，婆须密多尊者；第八代，佛驮难提尊者；第九代，伏驮密多尊者；第十代，胁尊者；第十一代，富那夜奢尊者；第十二代，马鸣大王；第十三代，迦毗摩罗尊者；第十四代，龙树大士；第十五代，迦那提婆尊者；第十六代，罗睺罗多尊者；第十七代，僧伽难提尊者；第十八代，伽耶舍多尊者；第十九代，鸠摩罗多尊者；第二十代，阇耶多尊者；第二十一代，婆修盘头尊者；第二十二代，摩拏罗尊者；第二十三代，鹤勒那尊者；第二十四代，师子尊者；第二十五代，婆舍斯多尊者；第二十六代，不如密多尊者；第二十七代，般若多罗尊者；第二十八代，菩提达摩尊者；第二十九代，慧可大师；第三十代，僧璨大师；第三十一代，道信大师；第三十二代，弘忍大师；惠能我是第三十三代祖师。以上众位祖师各自有禀受继承。你们这些人往后一代接一代地流布传承，不要使佛法有所背离和错误。"

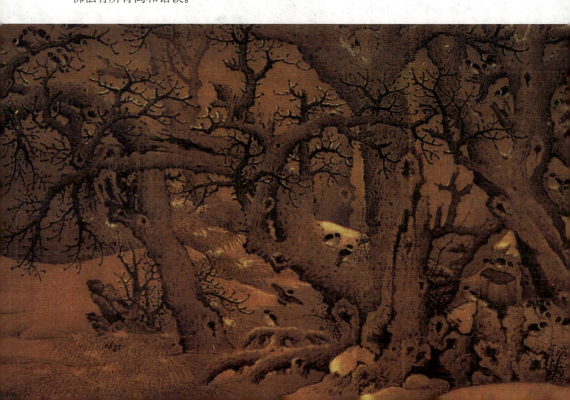

注释

①舟楫：船和桨，此指船。

②无口：惠能大师指自己没讲说过什么法。禅宗主张自证自悟，无言传教。

③记：这里指偈语，是一则谶语。这则偈语预言了一桩故事：唐开元十年，新罗（今属朝鲜）僧人欲取惠能大师的肉身舍利之头回国供奉，就雇用张净满去偷取。张净满为了孝养父母和糊口，只好前去，却无法偷取惠能的头颅，反被官府捉拿归案。县令杨侃、州刺史柳无忝审问了此案。偈中的"杨柳"即指此二人。

④又云：这一段话也是惠能圆寂前的谶语。关于二菩萨具体指谁，有两种说法：一说出家菩萨指马祖道一禅师，在家菩萨指庞蕴居士；另一说，出家菩萨指黄檗禅师，在家菩萨指裴休。

⑤缔缉：修建。伽（qié）蓝：梵语"僧伽蓝摩"的省称，指僧众所修建的园林，后指佛寺。

⑥乖：违背，背离。

述意

　　惠能大师临圆寂时要回新州，对众门徒的坚留，他开示说：人死是不可避免的，但要死得其所，是用有始有终的幻化色身，显示无始无终的常住化身。并留下了预言，后来果然都应验。最后应弟子之问，讲说了佛祖的传统。

     经 语 精 华

　　本觉禅师的偈语："五蕴山头一段空，来是无口去无踪，要明叶落归根旨，末后方能达此宗。"

　　道元《正眼法藏》："爱语起自爱心，爱心则以慈心为种子，须知爱语具有回天之力矣。"

◎ 成 语 ◎
叶落归根　死得其所

大师先天二年癸丑岁[①]，八月初三日，于国恩寺斋罢，谓诸徒众曰："汝等各依位坐，吾与汝别。"

法海白言[②]："和尚留何教法，令后代迷人得见佛性？"

师言："汝等谛听，后代迷人，若识众生，即是佛性；若不识众生，万劫觅佛难逢[③]。吾今教汝识自心众生，见自心佛性。欲求见佛，但识众生，只为众生迷佛，非是佛迷众生。自性若悟，众生是佛；自性平等，众生是佛；自性邪险，佛是众生。自性若迷，佛是众生。汝等心若险曲，即佛在众生中。一念平直，即是众生成佛。我心自有佛，自佛是真佛。自若无佛心，何处求真佛？汝等自心是佛，更莫狐疑。外无一物而能建立，皆是本心生万种法。故经云：'心生种种法生，心灭种种法灭。'吾今留一偈，与汝等别，名《自性真佛偈》。后代之人，识此偈意，自见本心，自成佛道。偈曰：

真如自性是真佛，邪见三毒是魔王[④]。
邪迷之时魔在舍，正见之时佛在堂。
性中邪见三毒生，即是魔王来住舍。
正见自除三毒心，魔变成佛真无假。
法身报身及化身，三身本来是一身。
若向性中能自见，即是成佛菩提因。
本从化身生净性，净性常在化身中。
性使化身行正道，当来圆满真无穷。
淫性本是净性因，除淫即是净性身。
性中各自离五欲，见性刹那即是真。
今生若遇顿教门，忽悟自性见世尊[⑤]。

若欲修行觅作佛，不知何处拟求真。

若能心中自见真，有真即是成佛因。

不见自性外觅佛，起心总是大痴人。

顿教法门今已留，救度世人须自修，

报汝当来学道者，不作此见大悠悠。"

师说偈已，告曰："汝等好住，吾灭度后，莫作世情悲泣雨泪，受人吊问，身著孝服，非吾弟子，亦非正法。但识自本心，见自本性，无动无静，无生无灭，无去无来，无是无非，无住无注。恐汝等心迷，不会吾意，今再嘱汝，令汝见性。吾灭度后，依此修行，如吾在日。若违吾教，纵吾在世，亦无有益。"

复说偈曰：

"兀兀不修善[6]，腾腾不造恶[7]，

寂寂断见闻[8]，荡荡心无著[9]。"

师说偈已，端坐至三更，忽谓门人曰："吾行矣！"奄然迁化[10]。

于时异香满室，白虹属地[11]，林木变白，禽兽哀鸣。

译文

唐玄宗先天二年，即癸丑年，八月初三那一天，惠能大师在国恩寺吃完斋饭，对众弟子说道："你们这些人各自按自己的座位坐下，我同你们告别。"

弟子法海说道："大和尚留下什么教法，让后代愚迷的人能够识见佛性？"

惠能大师说道："你们这些人仔细听着，后代愚迷的人，如果能识见众生，就是识见佛性；如果不能识见众生，就是万世万代寻觅佛也难以遇到。我现在教你们识见自我本心中的众生，识

见自我本心中的佛性。想要识见佛，只有识见众生，这是只因为众生分辨不清佛不是佛分辨不清众生。自我本性如果开悟，众生就是佛；自我本性如果愚迷，佛就是众生。自我本性公平正直，众生就是佛；自我本性邪恶奸险，佛就是众生。你们这些人的心如果险恶不正，那么佛就在众生之中。如果一念公平正直，就是众生也成佛了。自我本心中原本有佛，自我本心中的佛是真佛。自我本心中如果没有佛心，到何处去寻求真佛？你们这些人自我本心就是佛，再不要犹豫了。自我本心之外没有一物能够建立，都是由自我本心中生出万事万物万相。所以佛经中说：'心生种种法生，心灭种种法灭。'我现在留下一首偈语，和你们这些人告别，偈语叫做《自性真佛偈》。后代的人明白这首偈语的含意，自己就能识见本心，自己就能成就佛道。偈语说：

真如般的自我本性就是真佛，邪恶之见贪嗔痴三毒是魔王。
奸邪愚迷的时候恶魔在屋舍，端正识见的时候真佛在厅堂。
本性中有了邪见三毒就产生，在这时就是魔王来到你心中。
端正识见自然除去了三毒心，魔王变成佛没有虚假而是真。
众生人人都有法身报身化身，法身报身及化身原本是一身。
如果在自我本性中自我识见，就是能够自己成佛的菩提因。
本是从化身中生成清净本性，清净本性永远存在于化身中。
本性能够使化身修行成正道，会得来圆满的结果无尽无穷。
淫邪之性原本是清净性之因，除去淫邪之性就是净性之身。
在本性之中各自超离了五欲，刹那之间识见本性这就是真。

今生如果遇见顿悟之教法门，立刻开悟自我本性见到世尊。

如果想要修行寻求佛理作佛，却又不知道到哪里去寻求真。

如果能够在自我心中识见真，自心之中有了真就是成佛因。

不能识见自性却到心中寻佛，生起此心就全都是大痴之人。

顿悟教法之门现在已经留下，拯救度化世人必须自己修行。

告诉你们前来学习佛道之人，不能具有这种识见入道无门。"

惠能大师讲说偈语完了，告诉众人说："你们这些人好好地住在世间，我圆寂之后，不要像人世间的情形：悲哀哭泣，泪下如雨，接受世人的吊丧慰问，身穿孝服。这样做不是我的弟子，也不是真正的教法。只要识见自我本心，识见自我本性，没有动也没有静，没有生也没有灭，没有去也没有来，没有是也没有非，没有住也没有往。我担心你们这些人心中执迷，不能领会我的本意，现在再嘱咐你们，让你们识见自我本性。我圆寂之后，依照这种做法修行，如同我在世的时候一样。如果违背了我的教法，即使我活在世上，也没有益处。"

惠能大师又说了偈语：

"静止不动不有意修善，自在无为不造孽做恶，

宁静安详断绝了见闻，胸怀坦荡自心无执著。"

惠能大师说完偈语，端正坐着一直到三更时分，忽然对门人说道："我走了！"大师忽然圆寂了。

在这时，奇异的香气溢满居室，有一道白虹从天空垂到地上，森林树木变成白色，飞禽走兽悲哀啼鸣。

注释

①先天二年：公元713年。先天是唐玄宗的年号。这年十二月改元开元。癸丑是这年的干支纪年。

②白：说。

③万劫：等于说万世，指永远。佛教认为世界一成一毁为一劫。

④三毒：佛教以贪欲、嗔恚、愚痴为三毒。

⑤世尊：佛家对释迦牟尼的尊称。梵语"路迦那他""薄加梵"的意译。

⑥兀兀：岿然不动的样子。

⑦腾腾：无所作为的样子。

⑧寂寂：宁静的样子。

⑨荡荡：平静坦荡的样子。

⑩奄（yān）然：突然、忽然。迁化：迁移化灭，佛教指僧人死，意同"圆寂"、"涅槃"。

⑪属（zhǔ）：连接。

述意

　　惠能大师临终前与众弟子告别，并回答法海的问题，成为最后的遗训。这个遗训的核心是说人人的心中都有佛，应该坚定地相信，不能怀疑。世间万事万相都是从自心中生出的，不能看成是真实的，必须明心见性。他留下的《自性真佛偈》，是前面解说的概括和深化。又进一步从反面加以引申，如果不能识见众生自性中本有真佛，终日向心外取法，就会生起邪见三毒，而变成魔王。

　　《宗教录》说："十方诸佛中无有一佛不见此心成佛，二十八祖内无有一祖不见此性成佛。如今闻而不成祖者，皆为信不足，见不谛故。故学其语，不照其心，但执其解，不深其法。"

　　《大般若经》："若顺文字，不违正理，常无争论，名护正法。"

◎俗语◎

彻见真性，自达圣境。

十一月，广、韶、新三郡官僚，泊门人僧俗①，争迎真身②，莫决所之③。乃焚香祷曰：香烟指处，师所归焉。

时香烟直贯曹溪。

十一月十三日，迁神龛并所传衣钵而回④。

次年七月出龛，弟子方辩以香泥上之。

门人忆念取首之记，仍以铁叶漆布⑤，固护师颈入塔。忽于塔内白光出现，直上冲天，三日始散。

韶州奏闻，奉敕立碑，纪师道行。

师春秋七十有六，年二十四传衣，三十九祝发⑥，说法利生，三十七载。嗣法四十三人，悟道超凡者莫知其数。

达摩所传信衣，中宗赐磨衲、宝钵，及方辩塑师真相，并道具⑦，永镇宝林道场。留传《坛经》，以显宗旨，兴隆三宝⑧，普利群生者。

译文

十一月，广州、韶州、新州三郡的官员属僚，以及惠能大师的弟子、其他僧人和俗众，都争着迎请惠能大师的真身，没有人能决定送去的地方。于是就焚香祈祷说："香的烟缕指向的地方，就是惠能大师的真身归向的地方。"

这时，香的烟缕一直指向曹溪山。

十一月十三日，盛有惠能大师牌位及遗体的神龛连同所传下来的袈裟钵盂一起迁回曹溪山。

第二年七月，从神龛中请出惠能大师的遗体，弟子方辩用香泥裹住了遗体。

弟子们回忆起惠能大师曾经说过有

人要窃取其头颅的偈语，就用薄铁皮和漆布，坚固地保护惠能大师的脖子，才把遗体放入塔中。忽然之间在塔内出现了一道白光，一直向上冲到天际，三天之后才散尽。

韶州刺史把惠能大师的事迹禀奏给皇上，遵奉皇上的圣旨，为惠能大师建立石碑，上面刻石撰文记载大师修道的事迹。

惠能大师享年七十六岁，二十四岁得到所传的法衣袈裟，三十九岁剃发出家。讲说佛法，施惠众生，一共三十七年。继承大师亲传佛法的弟子四十三人，领悟佛道超离凡尘的人多得没有人知道他们的数目。

达摩大师所传的信物法衣袈裟，唐中宗所赐予的磨衲袈裟、水晶宝钵，以及弟子方辩为惠能大师塑造的真像，连同弘扬佛道的法器，永远镇守宝林寺道场。遗留下来并广为传布的《法宝坛经》，用来彰显禅宗顿悟教法的宗旨，使佛、法、僧三宝兴盛昌隆，对一切众生普施惠泽。

注释

①泊(jì):及,和。
②真身:此指惠能大师的肉身。
③所之:送去的地方。之,前往。
④神龛(kān):供奉神位的小阁子,这里兼指贮藏遗体的柜子。
⑤铁叶:薄铁片。
⑥祝发:僧人出家剃发。祝,剪断。
⑦道具:弘扬佛道的用具。
⑧三宝:指佛、经、僧。

述意

　　这段文字记述惠能大师圆寂以后的事,但不是惠能口述,是其弟子事后补记,一是说明弟子对大师的敬重,二是说明朝廷对大师的推崇,并立碑述其生平事迹。